家庭农场经营管理案例及启示

主　编　蔡颖萍　张谈捷　沈　菁

副主编　张　莉　丁旭锋　邱　晴

程　序　金惠芳　顾昊男

东北大学出版社

·沈　阳·

图书在版编目（CIP）数据

家庭农场经营管理案例及启示 / 蔡颖萍，张谈捷，沈菁主编. — 沈阳 ：东北大学出版社，2023.7

ISBN 978-7-5517-3306-9

Ⅰ. ①家… Ⅱ. ①蔡… ②张… ③沈… Ⅲ. ①家庭农场－农场管理 Ⅳ. ①F306.1

中国国家版本馆 CIP 数据核字(2023)第 127850 号

出 版 者：东北大学出版社
地址：沈阳市和平区文化路三号巷 11 号
邮编：110819
电话：024－83687331(市场部)　83680267(社务部)
传真：024－83680180(市场部)　83680265(社务部)
网址：http://www.neupress.com
E-mail: neuph@neupress.com
印 刷 者：沈阳市第二市政建设工程公司印刷厂
发 行 者：东北大学出版社
幅面尺寸：145 mm×210 mm
印　　张：6
字　　数：146 千字
出版时间：2023 年 7 月第 1 版
印刷时间：2023 年 7 月第 1 次印刷
策划编辑：杨世剑
责任编辑：杨世剑　张庆琼
责任校对：吴　越
封面设计：潘正一

ISBN 978-7-5517-3306-9　　定　价：42.00 元

前　言

顾名思义，家庭农场即以家庭为单位的农业经营主体，与现代农业发展紧密相连。党中央、国务院高度重视家庭农场发展。自2013年支持家庭农场等新型农业经营主体发展的中央一号文件出台以来，各级政府出台了一系列政策支持家庭农场发展。2020年3月，农业农村部发布了《新型农业经营主体和服务主体高质量发展规划（2020—2022年）》（以下简称《规划》）。《规划》明确指出要坚持把提升新型经营主体发展质量和效益放在首位，强调要加快培育发展家庭农场，加大家庭农场示范创建力度，促进全国家庭农场高质量发展。

近几年来，我国家庭农场发展迅速。截至2021年底，我国家庭农场名录系统填报数量超过300万家。其中，县级以上示范家庭农场达11.7万家，并继续呈现增长态势，成为推动现代农业发展的重要力量。笔者收集了部分省（自治区、直辖市）家庭农场经营管理的典型案例，以期给读者启示。

总体而言，这些典型案例分布于不同产业和不同区域，有不同的经营主体和经营规模，体现了现阶段我国家庭农场发展的特点，对于各地家庭农场经营效率和效益的提高具有借鉴意义。从产业分布来看，涉及种植业、养殖业、种养结合。其中，从事种植业的家庭农场经营种类包括玉米、小麦、水稻、大豆等粮食作物和蔬菜、水果等经济作物；从事养殖业的家庭农场以传统畜禽养殖为主；种养结合家庭农场通常以生态循环种养模式为主，如种粮的同时养殖猪、牛、羊，或者种稻的同时养殖鱼、虾、鳖。从区域分布来看，涵盖范围广泛，兼顾发达地区与欠发达地区；从经营规模来看，各家庭农场基本属于适度规模，即根据自身经营能力调整规模，从而保障人工、机械等成本在可承受范围内；从经营主体来看，家庭农场的经营主体多数由普通农户发展而来，体现出以家庭成员为主要劳动力的特点；从主体之间的联合与合作角度来看，既有基础的订单与合同模式，又有农场与企业、合作社、服务组织组成利益共同体的模式，具体可分为“家庭农场+合作社”、“家庭农场+企业”、订单型家庭农场和生态多元化家庭农场四种家庭农场经营模式。

具体来说，这些家庭农场经营规模适度、生产集约，内部管理机制相对完善，产品销售渠道有保障，初步实现了管理规范化、生产标准化、经营市场化。概括而言，其主要有以下八个方面的共性经验值得参考借鉴。

一是立足市场需求，及时调整生产经营活动。这些家庭农场通过采集和运用市场信息，针对市场需求，立足当地特色，开展生产经营活动，能有效满足市场供给。例如，山东省滨州市荷塘渔舍家庭农场虽然属于小规模农场，但是它找准市场定位，结合自身优势，走出一条“立体种养、休闲加持、品牌打造”的经营之路，也依托自身优势举办休闲垂钓节和百果采摘节，扩大了影响力，成为休闲乡村游的新景点。黑龙江省哈尔滨市明桂渔村家庭农场以渔业养殖为基础，结合城郊特点，侧重发展农家乐，结合乡村休闲需求和新农村建设，打造有特色、有风景、有档次的农村餐饮新标杆。吉林省鸿运家庭农场按照“家庭农场+合作社+龙头企业联合经营”的生产模式，与当地种植合作社及省级龙头企业——通化江达米业有限公司签订水稻订单回收合同，保障了种植收益。福建省南平市松溪县勤勤家庭农场结合福建省丘陵地区的特点，发展水果和苗木生产，特别是运用沼渣、沼液改善土壤品质，极具特色。

二是经营规模适度，有效控制风险。家庭农场经营规模必须适度，不能盲目扩大，要与经营者的能力水平相当，并且要因地制宜地根据市场变化实行动态调整，循序渐进，逐步形成并不断变化，有效控制经营风险。例如，河南省临颍县怡心园家庭农场适度扩大规模，将 1300 亩用地按照粮经比（粮食作物与经济作物之比）8：2 的比例分配种植，既保证了人工、机械等成本在可承受范围内，又可以获得较好的规模效益。福建省漳州市云霄县江边家庭农场的 3 名家庭从业人员根据自身劳动力情况，在实践中不断摸索生产经营的最佳规模，将土地面积稳定在 230 亩，以实现在规模化生产的同时进行精细化管理。海南省临高县王帮庆家庭农场根据自身经营管理能力，承包了村委会的 40 亩坡地种植桑树，通过小额贷款的形式贷款 3 万元，在自家屋后搭建了一个养蚕大棚，年养蚕纯收入超过 20 万元，成为当地家庭农场发展、一村一品、精准扶贫的典型代表。

三是注重现代科技运用，提升生产效率。这些家庭农场既能较好地传承传统精细农艺，又能不断探索现代化农业科技创新成果，并积极引进实践。例如，天津市陈华增家庭农场积极引用新品种、利用新技术、采用新农艺，通过应用条播新技术，把小麦单产从每亩 400 公斤提高到每亩 500 公斤，经济效益显著。甘肃省高台县李文伟家庭农场聘请蔬菜种植技术人员，长期为农场的蔬菜种植提供技术指导。湖南省常德市西洞庭金山家庭农场坚持“选好品种、化学除草、病虫专业化防治、机收”，与湖南金大地农资有限公司签订病虫专业化防治合同，仅防治成本就节约了近 4 万元且效果颇好，第一年就获得成功。江苏省黄庄家庭农场注重“三新”成果应用，积极开展高产创建活动，与江苏省农业科学院、南京农业大学等高等院校及各级农业部门对接，推广应用优新高产品种，推广水稻肥床旱育稀植高产栽培技术、水稻机插秧精确定量高产栽培技术、小麦精量半精量高产栽培技术、稻麦测土配方施肥技术、稻麦病虫草害综合防治技术等，使农场粮食产量逐年提高，粮食单产水平显著高于周边农户平均水平，同时稻、麦耕种收综合机械化水平达到100%。山西省定襄县雨润种植家庭农场重视产学研相结合，与县农业技术推广中心合作种植150亩糯玉米套辣椒，当年就实现了钱粮双丰收。广东省珠海市斗门区长丰家庭农场规模虽小，但产值很高，农场致力于研发和培育优质虾苗种类，与中国水产科学研究院南海水产研究所共同研发的“斑节对虾遗传育种研究及新品种推广应用”项目获得2015年度广东省科学技术奖一等奖，与南海水产研究所合作进行的优质斑节对虾（南海1号）推广试验也得到广大农户好评并成功申请国家专利。

四是推进一二三产业融合，促进农场多元化发展。这些家庭农场注重结合美丽乡村建设，不断提高农场的软硬件条件，发展乡村旅游，以获取新的利润增长点。例如，重庆市南川区蓝博源家庭农场依托南川区生态大观园的辐射效应，积极发展乡村休闲旅游，着力推动农业产业“接二连三”，新建生态鱼塘60亩，养殖生态鱼供游客食用和垂钓，将家庭农场打造成供游客休闲娱乐的农家乐园，总产值达360万元。四川省乐山市青州乡海滨农场探索发展生态农业，打造具有田园农耕文化特色的集休闲观光、旅游体验、度假疗养于一体的复合型农场，让客人现场体验原始农耕流程，穿越原始农业和现代农业的“时空隧道”，让原始农耕文化得到传播传承，进一步夯实农场发展文化底蕴，促进农场多元化发展。河南省新郑市阳光家庭农场发展特色林果业，建设农耕文化园，延长产业链条，林下套种各种蔬菜、水果、农作物200亩，在满足游客采摘品尝需要的同时，开展亲子活动、农作物知识科普活动，让游客尽情体验农耕文化。浙江省绍兴市乌牛岗家庭农场推动茶旅融合发展，在园内建设品茗区、茶艺表演区、书法创作区等多块以茶文化为主题的休闲区，为游客提供良好的品茶和休憩场所，同时连续承办了六届小将镇“红枫樱花节”，吸引了成千上万的游客前来品茶赏花，形成了茶旅融合、茶旅互促的良好局面。

五是规章制度健全，管理实现规范化。这些家庭农场坚持农产品质量安全底线，建立严格的生产管理制度。例如，天津市陈华增家庭农场采用规模化、规范化、现代化的生产模式，聘请农业技术人员进行指导，采用统一生产技术模式、统一使用优良品种、统一投入品标准、统一技术培训、统一档案管理、统一机械化作业、统一组织生产的“七统一”生产管理模式。湖北省洪湖市经亮家庭农场建立健全“龟鳖孵化管理制度”“生产流程制度”“禁用饲料农药制度”“财务管理制度”等八项规章制度，生产井然有序，并逐步形成规模化、集约化、商品化的新型农业经营主体，被湖北省农业农村厅授予“省级示范家庭农场”光荣称号。

六是探索循环种养模式，走绿色发展道路。这些家庭农场在自身发展过程中注重采用生态循环种养模式，提高农场的可持续发展能力。例如，吉林省绿野家源家庭农场积极探索“粮食种植—畜禽饲养—渔业养殖”循环种养模式，有效发挥了家庭农场生态系统中物质能量循环转化和生物之间共生、相养规律的作用，达到节本增效的效果，同时能够维持生态系统平衡、实现局部生态效益，促进绿色生产，改善产品品质。江苏省扬中正宏家庭农场与时俱进，坚持种植绿色健康的粮食，形成了“种粮+养猪+养鱼”相结合的生态循环模式。该农场生产的小麦用于饲养母猪，猪粪发酵后用于还田，这样不仅减少了化肥施用量、降低了种植成本，而且增加了土壤肥力，提高了粮食的品质，实现了生态循环。陕西省黄龙县祥春家庭农场形成的“核桃种植—粮食生产—用材林培育—中蜂养殖”综合型家庭农场种养模式，因生产自然灾害风险和市场风险相对较低，被当地大力推广。

七是注重品牌培育，提升收益增长动能。品牌培育是打造特色农产品的重要途径，是家庭农场实现增收的助推剂，能够在农产品市场上形成有效竞争力，从而挖掘出产品的内在价值。例如，浙江省台州市鸿勃家庭农场采取网络销售为主，线上订购、线下实体门店销售结合的模式，提高线下销售额20%以上。其通过淘宝、微信等渠道，自销大米、杂粮、米皮、米糠和菜籽油，并成功注册“鸿勃”品牌，进行广泛宣传，不断提高产品知名度。辽宁省明宇家庭农场优选适合当地生产的“稻花香”新品种水稻，申请注册了“民和丰”品牌，在当地形成了良好的口碑。其销售网络已经辐射到长春、通辽、天津等城市，树立了良好的市场信誉，产品供不应求。浙江省衢州市家煜家庭农场早在2012年就注册了“红专”大米商标，红专大米也连续多年获得浙江省农展会优质奖。其在衢州市开设大米专营店，并在嘉兴、金华、丽水、温州等地设立红专大米总经销门市部，目前已经形成粮食产、供、销环环相扣的产业链。江苏省东山东湖家庭农场坚持传统生态种养，通过在作物栽培上全部采用自然成熟的应季蔬果、在作物管理上使用腐熟有机肥、在植保防护上采取防虫网隔离等生产环节的绿色技术运用，为农产品安全提供了可靠保障。目前农场可向市场供应50余种时令绿色蔬果及家禽、水产品，成为消费者放心食用的优选，同时注册了“时光漫步”（门头商标）、“御洞庭”（农产品商标），加快了绿色品牌化发展步伐。浙江省衢州市陈建海家庭农场打通消费者—田园渠道，开通家庭农场周末免费直通车，打造“开放型田园超市”；打通点对点直供直销渠道，在社区开设果蔬直销店，推动放心农产品进社区；进驻东方超市，深化农超对接；打通线上线下双线联销渠道，借助落户淘宝特色中国·衢州馆平台，实行“网络订单+农场销售+物流配送”一条龙服务。

八是推动社会化服务，发挥带动作用。这些家庭农场在自身得到快速发展的同时能积极服务周边农户，带动普通农户一起发展，起到了关键的带动作用。例如，辽宁省静权家庭农场拓展渠道，提供社会化服务，示范土地托管面积达 150 余亩，帮助 10 户农户解决了种地难的问题，同时代耕代种土地 1500 余亩，稳定了农场收益。此外，其借助土地深松惠农政策，推行 4000 余亩土地深松项目，成为统分结合的双层经营体制改革中的一个重要环节。陕西省黄龙县祥春家庭农场是省市县三级示范性家庭农场，其免费向核桃种植户提供优质嫁穗，长期以订单的形式委托部分农户开展种养殖生产，为家庭农场提供生产资料，使这些农户直接增收 50 万元以上。此外，该农场示范带动周边 30 多户农户增收 100 万元以上。西藏自治区桑珠孜区岗苏家庭农场为农户免费提供大型机械，为甲措雄乡的奶牛和绵阳的改良工作免费提供良种，为附近乡村无偿提供种养殖技术培训服务，为村里的农户提供就业机会，为入股群众赚取入股分红。同时，该农场每年培训外来参观学习人员 3000 人次以上，为全市农牧民创业和科技培训搭建了良好的学习交流平台，起到了良好的农民自主创业致富示范带动作用。福建省漳州市云霄县江边家庭农场承担了福建省粮食产能区水稻工厂化育秧示范点建设项目，建设 600 平方米育秧温室和 4000 平方米炼苗设施，投入运行后，可承接 1000 多亩大田育秧订单。根据不同要求，该农场可调整每盘秧苗用种量，培育出适销对路的优质秧苗，受到农户的欢迎。河北省昌黎县昌丰家庭农场建立了一套适合昌黎县的水稻标准化生产规程，拥有多型机械设备、完善的水利设施、先进的种植管理技术，是现代化、规模化家庭农场。农场的运营对本村及周边村起到了显著的示范带动作用。

从这些典型案例的实践来看，家庭农场作为现代化农业发展的重要模式之一，在农业产业化、规模化、专业化、品牌化发展中发挥着显著作用，能够为乡村振兴注入新活力。目前，虽然家庭农场的发展已经取得一定的成效，但仍旧面临诸多现实约束，如发展质量不高、带动能力不强、产品品牌意识不强、联合合作程度不高、现代信息技术应用程度有待提高等。因此，要从专业人才、政策扶持、资金支持、产品品牌、合作意识、农业社会化服务等方面入手，着力破解家庭农场发展过程中所面临的难题。

值本书出版之际，特向给予本书编写帮助的所有领导、专家、各地农业农村部门的同行，以及所有相关家庭农场经营者表示衷心的感谢。由于编者水平有限，本书中难免出现疏漏之处，敬请广大读者批评指正。

编　者

2022 年 9 月

目 录

陈华增家庭农场

——科学种植增动力，农场发展添活力

案例介绍

陈华增家庭农场坐落于天津市蓟州区杨津庄镇陈庄村，经营面积270余亩，是当地第一家家庭农场，也是一个典型的以粮食种植为主的家庭农场。陈华增家共4口人，其中3人全身心投入农业生产，主要种植玉米、小麦、水稻、大豆等农作物。自成立以来，该农场通过各种途径积极学习农业科学技术和管理经验，在粮食种植方面，实现了耕、整、种、收一条龙的机械化作业；在农场管理方面，规范了投入品管理，完善了农业生产档案。通过一系列的努力，逐渐摸索出一套独特的管理经验，也取得了比较好的效益，农场亩产较周边农户高出约100公斤，成本较周边农户低5%左右，年销售收入超过55万元。

一、抛弃老观念，树立新理念

杨津庄镇土壤肥沃，一直是蓟州区传统农业种植区。但由于采用传统种植模式，因此粮食产量低、附加值低，农民每年的收入仅够养家糊口，种粮积极性自然不高。陈华增自小生长在村里，守着祖祖辈辈辛勤耕耘过的土地，却没有过上富裕的生活，

他下决心要改变这种状况。家庭农场成立之初，他就前往南方农业发达的省市学习先进的农业生产经验，并积极参加镇里举办的农业科技下乡知识讲座，认真阅读农业技术书刊，不断积累科学种植经验，希望通过科学种植改变种粮效益低的现状。在新思想、新技术的影响下，他进一步认识到，农场要想有出路，必须走可持续发展道路。因此，他以发展的理念经营农场，在作物种植过程中，以施有机农家肥为主，减少化肥的使用量，做到种地与养地相结合；在病虫害管理上，以生物综合防治为主，减少农药的使用量，实现农业生产与环境保护相协调，同时使农场生产的产品全部达到无公害的标准。

二、种管双结合，亩产增效益

在农场管理模式上，他摒弃过去粗放、传统、零散的管理模式，采用规模化、规范化、现代化的生产模式，聘请农业技术人员进行指导，积极参加农业技术推广中心组织的农田科学管理培训，充分发挥科学指导作用。他积极引用新品种、利用新技术、采用新农艺，形成了统一生产技术模式、统一使用优良品种、统一投入品标准、统一技术培训、统一档案管理、统一机械化作业、统一组织生产的“七统一”生产管理模式。此外，通过应用条播新技术，把小麦单产从每亩 400 公斤提高到每亩 500 公斤；种植水稻新品种，每亩单产从 450 公斤提高到 550 公斤。通过新品种、新技术的运用，该农场平均每亩作物净收入增加了 500 元以上，经济效益明显。

三、扩宽新渠道，经营增模式

粮食丰收了，该如何以合适的价格销售出去，一直是困扰农场主的问题。其中，销售渠道窄、信息量小是粮食销售中的主要问题。他充分利用网络平台，开辟网上销售渠道；参加政府举办的各种农产品展销会，实现产地与供销商的对接；努力发展订单式生产，实现农产品的尽产尽销、优品优价。

案例启示

作为一名年逾五旬的农业从业者，陈华增激情满怀地从事粮食生产，跟上农业机械化、信息化的步伐，这既是个人的努力，也是时代的机遇。该案例表明，以种粮为主的家庭农场要想经营效益好，就要抓好两方面的细节：一是作深作透“节本增效”文章。该农场规模不大，经营面积仅 270 余亩，在粮食规模经营中属于小型农场，但农场主从产量、成本两方面入手，通过良种良法引进、精细化管理，使亩产提升 100 公斤；通过规范种植标准，减肥增效，实现亩增500 元的收益。二是抓细抓好产品质量这一生命线。优良的产品才是保证销售的基石，该农场在标准化生产、农业防治、生产记录等多处着力，获得了无公害产品的认证，保证了产品的质量。目前，优质粮食销售国家有兜底收购政策，农场主不用过于担心粮食卖不出去，但是如何卖出优价，就需要多方面的努力。陈华增家庭农场也做了不少尝试，“触网”销售，扩大了消费群体；参加各类展销会，促进销售的同时树立良好的口碑；发展订单式生产，改变了传统依附式的关系，使供需双方有了各自议价的空间，成为较为平等的合作主体，在一定程度上成为利益共同体。

夏剑锋家庭农场

——“80 后”农场主干劲十足

案例介绍

40 多岁的夏剑锋是上海市金山区高楼村的村民，他原在镇上一家外企工作，因不忍年过六旬的父母太辛苦，于 15 年前辞职回家务农，成为金山区年轻的家庭农场主之一。目前他的家庭农场已发展为一家集粮食和经济作物种植、销售和新品种试验推广于一体的家庭农场，经营面积 130 亩，主要产品有“鑫品美”草莓、“金山小皇冠”西瓜、亭林雪瓜等。

一、摸爬滚打创业路

回家务农初期，夏剑锋种植的是扶郎花，由于花卉市场效益不稳定，四年的种植并没有获得太好的收益。后来他乘家庭农场成立的东风，先后通过网络学习和考察浙江省专业草莓生产基地，探索种植草莓。种植第一年，草莓就获得丰收，亩产值达到 4 万多元。第二年，他开始种植“金山小皇冠”西瓜。“金山小皇冠”西瓜品质优良，很快受到市场的认可和喜爱，亩产值也达到 3 万多元，这为他后面的发展带来了很大的信心。随后，他又种植了其他金山区特色农产品，如亭林雪瓜和甜瓜，并开始培育草莓种苗。因为西瓜和甜瓜种植需要每年轮换土地，他又想到了种植水稻。5月草莓收获后，6月开始种植水稻，于11—12月收获水稻，12月—翌年1月开始搭棚种植西瓜，5—10月收获西瓜，周而复始、不断循环。这样的轮换种植，不但产生了生态效益，还增加了经济效益。

二、探索营销新模式

近年来，该农场在传统营销模式的基础上积极探索农产品营销新模式，不断拓展销售渠道，实现了产销两旺。最初农产品销售主要采用传统的口碑营销模式，利用前期积累的老客户的信誉，靠客户和亲戚朋友的口口相传进行销售。后来，慢慢探索电子商务模式，注册了淘宝店，同时以“金山草莓哥”身份注册开通微博、微信账号，通过在网络上及时发布农场的动态，让客户更多地了解农场产品的质量、生长环境等，极大提升了客户对农场产品的信任度。加入金山区品牌农产品经营队伍后，积极参与政府举办的农业节庆活动，在市区设立专卖点。例如，金山草莓节期间，该农场在上海市百联中环店、汇金百货等商超设立专卖点，大大畅通了草莓的销售渠道，增加了销量。同时，发展农业休闲采摘游。该家庭农场被认定为金山草莓节草莓采摘点，游客可前来观赏、采摘草莓。同时，该农场为金山区政府和企业等举办活动提供场所，如承办了上海百特公司500人采摘活动、金山区“缘之园”相亲活动等。

三、品牌农业收益者

夏剑锋积极响应金山区农业农村委员会主推品牌农产品建设号召，把流转来的土地全部种上了品牌农产品。同时，积极参加各类培训，努力学习专业技术，提高产品品质，按照品牌农产品的生产标准进行种植和管理，在种好产品的同时，加入了金山区“金山小皇冠”西瓜、“鑫品美”草莓、亭林雪瓜品牌经营者的队伍。该农场生产的农产品实现了优质优价。例如，亭林雪瓜香脆汁多、糖度适中，深受上海市消费者的欢迎，有“上海本土四大名瓜之一”的头衔，即使每公斤价格达 6 元，仍然在市场上供不应求。从“鑫品美”草莓到“金山小皇冠”西瓜，再到亭林雪瓜，夏剑锋家庭农场做到了“好货卖好价”，年收入已超过 50 万元。村里的一些年轻人受他的影响，也开始从事农业生产工作。

案例启示

在我国经济发达地区之一的上海，谁来种地、怎么种地，如何发展城郊型农业，情况很复杂，很有研究意义。夏剑锋家庭农场的发展较好地说明，城郊型农业需要充分发挥靠近消费市场的优势，生产更新鲜、更具品牌效益的农产品，从而弥补近郊土地、劳动力成本相对较高的缺陷，同时为家庭农场带来更多的人气。特别是近几年受疫情影响，人员跨区域流动没有以前那么频繁，因此家门口的农业就成了好选择。此外，近郊农业确实在一定程度上比较适合家庭经营：规模不大，需要更高的土地利用效率和更好的经济效益；以家庭作为经营的主体，可以充分利用生产资料的每一分潜力；能获得更多的边际收益。可见，发展适度规模、小而精的家庭农场，不失为打造都市农业的一条不错的道路。

蓝博源家庭农场

——发展立体农业，打造山地种养型家庭农场

案例介绍

蓝博源家庭农场位于重庆市南川区木凉镇玉岩铺村，其农场主王明洪返乡创业，依托山地发展种养殖业。该家庭农场共有主要劳动力 6 人，其中家庭成员 4 人、常年雇工 2 人，主要经营水果等经济作物，种植梨 350 亩、李 30 亩、樱桃 10 亩和林下油用牡丹 150 亩，适度发展水产及畜牧，拥有池塘 60 亩，养殖土鸡 1000 余只，存栏能繁母猪 50 头，出栏商品猪 1000 头。农场主王明洪先后被评为南川区“十佳”返乡创业明星、南川区十大优秀青年、第九届全国农村青年致富带头人。该农场也被挂牌“农业部山地果园种养殖模式研究科技项目示范基地”。

一、流转土地，适度规模经营

木凉镇玉岩铺村的多数年轻人外出务工，大量耕地、农田荒芜。在外务工的王明洪经过调研分析，发现家乡的地理环境适合种植淡季水果，于是毅然返乡创业。在当地政府及有关部门支持下，王明洪筹措资金 100 万元，采取土地经营权转租、互换等方式，流转土地 400 余亩，迈开了适度规模经营的步伐。蓝博源农

场的规模经营，解决了土地撂荒问题，同时每年可为 100 多人解决周边劳动力季节性务工问题；增加了农民收入，实现农户每户平均务工收入 4000 元；带动了农户发展种养殖业，周边已有 4 家初具规模的家庭农场。

二、种养结合，打造立体农业

蓝博源家庭农场主要种植水果，现有梨 350 亩、李 30 亩、樱桃 10 亩等，可向市场供应多种水果。在西南大学专家指导下，积极发展立体农业，依托圆黄梨种植基地建设，充分利用果园闲置空间，林下养殖土鸡 1000 余只，林下种植油用牡丹 150 亩。将园中杂草割后喂猪，猪粪用来施肥，生猪、水果、土鸡、油用牡丹都能销售获利。该农场探索出适宜自身发展的立体循环农业模式，成为“农业部山地果园种养殖模式研究科技项目示范基地”。这种立体循环农业模式不仅充分利用了土地的生产价值，而且物种间配置合理，能形成一个相辅相成的有小群落优势的生态系统，既提高了养分的转化率，促进了物质循环，节约了生产成本，又使各物种共生协调，保护了土壤肥力，控制了病虫杂草危害，还香了空气、绿了环境、美了农村，取得了良好的生态效益。

三、升级硬件，一二三产融合

该农场依托南川区生态大观园的辐射效应，积极发展乡村休闲旅游，着力推动农业产业“接二连三”，新建生态鱼塘 60 亩，养殖生态鱼供游客食用和垂钓，将家庭农场打造成供游客休闲娱乐的农家乐园。该农场实现总产值 360 万元，其中圆黄梨产值 180 万元，土鸡、生态鱼产值 40 万元，生态猪产值 100 万元，乡村旅游产值 40 万元；年纯收入达 160 万元，占家庭总收入的 98%。

四、抱团取暖，建设更大平台

在实际运行中，农场主王明洪认为，常规水果品种的销售靠单家独户无法更好地打造品牌，因此蓝博源家庭农场联合其他4家家庭农场发起并成立了重庆市南川区双博水果专业合作社，以合作社为平台，争取各级财政补助，开展无公害等产品认证，打造了圆黄梨等品牌，构建了新的销售体系。

案例启示

近几年，一方面从事农业经营的成本在不断增加，另一方面抛荒、撂荒土地的情况也屡见不鲜。蓝博源家庭农场的尝试表明，即使在劳动力流出的大市，农业依旧是有“钱途”的事业，通过规模经营、种养结合、延伸产业链等，可以解决一部分劳动力当地就业问题，也可以使一部分人通过农业先富起来，带动一个产业的发展。同时，该案例表明，家庭农场发展现代农业并实现增收，应当具备4个要素。一是适度规模，充分利用当地闲散劳动力较为充分的优势，季节性用工，在提供就业岗位的同时减轻常年雇工的工资性开支压力，实现双赢。二是种养结合，通过与农业高校的对接，为农民学习科技种养殖技术提供良好平台，实现技术与实践的结合，发展立体循环农业模式，节本增效。三是结合美丽乡村建设，不断提高农场的软硬件条件，发展乡村旅游，挖掘新的利润增长点。四是加强品牌建设，和周边同产业业主抱团，利用专业合作社打造统一的品牌，提高市场议价能力。

荷塘渔舍家庭农场

——立体种养，让荒地变废为宝

案例介绍

山东省滨州市无棣县荷塘渔舍家庭农场成立于2013年3月，农场主李秀杰通过招标拍得村里的200亩涝洼盐碱地和河坝荒地，发展立体种养，目前该农场已经形成地下有鱼塘、莲藕、泥鳅、黄鳝、鲤鱼、鲢鱼，地上有鸡、鸭、鹅、鸽子，坝上有百果飘香的生态立体种养格局，将废地变成了宝地。

一、围绕立体种养、循环高效核心，提高经营效益

该农场修建了11个养殖池塘，其中包括8个白莲藕种植池和3个自然养鱼池，藕池里养殖鳝鱼和泥鳅，养鱼池里搞休闲垂钓；修建了1处可饲养300多只鸽子的鸽舍，供游客观赏和选购；修建了1处可饲养500多只鸡、鸭、鹅的养殖小区，采收鸡蛋、鸭蛋、鹅蛋，为农场农家乐饭店提供优质禽肉；规划建设了以桃、杏、葡萄、核桃、苹果等为主栽品种的百果园。其年立体种养销售收入超过200万元。

二、围绕休闲观光主线，提名气聚人气

该农场建设了 100 个钓位和 1 处农家乐饭店，配套游客服务中心、照明设备、游览便道、观景平台等基础设施，每年举办休闲垂钓节和百果采摘节。该农场打造了集种植、养殖、采摘、观光、垂钓、餐饮于一体的多功能现代农业园区，成为当地发展家庭农场和高效生态农业的典型。

三、围绕发展后劲，立品牌树形象

荷塘渔舍家庭农场自成立以来，始终致力于打造无公害绿色产品，走品牌化发展之路，对生产的莲藕、黄鳝、禽蛋、水果等产品统一注册了“李二郎”牌商标，与本县及周边县市各大型超市建立了产品供销关系。农场的垂钓鱼塘常年与各大钓友俱乐部合作，不定期举行垂钓比赛及相关休闲活动。同时，建设了自己的网站，部分产品实现了网络销售。多元化的宣传经营模式提高了农场的社会知名度和市场竞争力。

案例启示

就目前形势看，受农业用途管制影响，渔业生产面积大致保持稳定，渔业家庭农场也将以中小型为主。荷塘渔舍家庭农场属于小规模农场，但是它找准了市场定位并进行特色经营，从而大有作为。该案例指明了家庭农场如何结合自身优势走出一条“立体种养、休闲加持、品牌打造”的经营之路。一是立体生产有特色。该农场鱼塘有鱼、坝上有果、果下有禽，生态立体，种养结合，布局合理，颇有特色。二是

"造节"活动很精彩。通过借鉴天猫"双十一"和京东"618"两大购物节，该家庭农场也依托自身优势举办休闲垂钓节和百果采摘节，扩大了家庭农场的影响，成为休闲乡村游的新景点。三是产品认证质量优。通过商标注册、无公害认证，该家庭农场进一步提升了产品质量，产品多元化、销售多元化又进一步降低了经营风险，使好产品卖出了好价格。

李文伟家庭农场

——一个因意外诞生的家庭农场

案例介绍

甘肃省张掖市高台县合黎镇五四村李文伟家庭农场的成立是一个巧合。2013 年，李文伟所在的村为了大力发展温室农业，村集体租赁 7 社农户承包土地 60 亩，建造日光温室 36 座，实行集体统一经营。经过一年的运作，未能实现盈余。为解决这一问题，村里找到李文伟，宣讲家庭农场成立的相关优惠政策，游说他接手该项目。借此契机，李文伟承包了集体建造的 36 座温室（承包期限 15 年），流转本村土地 140 亩（流转期限 10 年），建起了一个规模 200 亩的家庭农场。

一、流转土地，发展设施农业

该家庭农场成立后，在市、县农业部门的指导和帮助下，利用高台县得天独厚的自然气候优势，将 140 亩流转土地规划为粮食种植区，保证玉米生产，保障家庭农场的正常运转。另 60 亩土地在原有温室大棚的基础上，新建塑料拱棚 11 座，铺设输水管道 1.2 公里，用于种植设施蔬菜（主要种植品种为茄子、辣椒、西葫芦、西红柿等），初步形成了规模化、集约化的生产模式。

二、科学种植，打造优质基地

该农场在经营中坚持“质量第一、信誉第一、服务第一”的原则，聘请蔬菜种植技术人员为农场的蔬菜种植提供长期的技术指导，严格按照无公害蔬菜生产操作技术规程组织生产；采取“超市+农场+农户”的运作模式，建立生产经营产业链条；以农场为核心、农户为基础、市场为标准，制订相关的工作任务和目标、统一的技术标准和产品要求，提升生产经营组织化程度；在管理中分工细致、责任明确，通过一系列的精细化管理，确保做到无公害生产，努力创建无公害蔬菜生产基地品牌。

三、提供就业，带动周边农户

该农场创建以来，为社会提供了 40 多个就业岗位，每年向社会提供劳动工作日超过 350 日，有效解决了农场附近闲置劳动力的就业问题。在解决劳动力就业问题的同时，让周边农户学到了蔬菜种植的先进技术，带动周边农户发展日光温室，新增 120 座日光温室，户均增收 7000 多元。

四、丰富品种，谋求新的发展

该农场新流转土地 80 亩，投资 110 万元，建设标准化育肥羊舍 4 栋，配套完成饲料贮藏室 1 座、青贮氨化池 1 个、饲草加工车间 1 间、草料棚 1 座、兽医室 1 间、化验室 1 间、水池 1 个。其希望通过羊舍的建设，丰富产品配置，形成“种养结合”的经营模式。

案例启示

李文伟成立家庭农场虽然是一个巧合，但是与当地紧紧围绕“科技兴农，产业致富，生态文明”的发展目标，坚持“政策引导、市场驱动、能人带动、科技合作”的原则，按照科学开发和可持续发展的理念，以发展现代特色农业为载体、调整农业产业结构为目的，遵循园区化、标准化、产业化、集约化的现代农业发展思路，发展当地的农业有很大的关系。从某种意义上讲，没有当地对家庭农场的广泛宣传和政策扶持，这一新型经营主体的活力就不会如此旺盛，群众的认知度也不会那么高，所以说新型经营主体发展的初期离不开当地政府的关心和培育，也离不开相应配套政策的扶持。

爱红家庭农场
——脱贫致富的“领头羊”

案例介绍

甘肃省定西市通渭县爱红家庭农场成立于2013年5月24日，是通渭县第一家，也是定西市首家在工商部门登记注册的家庭农场。农场主孙爱红是通渭县襄南镇东坪村人，家庭成员3人，农场经营面积1000余亩，主要种植双垄沟播玉米。

一、流转土地，不断扩大种植面积

该农场经过多次土地流转，才达到现在的经营面积。起初，在乡村干部的宣传动员和县直帮扶部门政法委的资金帮扶下，他抱着试一试的态度，租赁村内闲置土地80亩种植全膜双垄沟播玉米，第一年收入近5万元。尝到规模种植的甜头后，他租赁该村14户农户的440亩耕地，全部种植了全膜双垄沟播玉米，一年下来，除去成本，纯收入达到22万元。后来有了第三、四次土地流转，这两次流转相对困难较大。孙爱红利用春节农闲时间，走东家、串西家，说服动员村里劳力不足或常年外出务工的村民转让土地，分别又流转了219.5亩和243亩。目前，采用全膜双垄沟播玉米种植技术的土地亩产稳定在480公斤以上，年纯收入超过40万元。

二、利用秸秆，开拓发展养殖产业

在不断扩大全膜玉米种植面积的同时，玉米秸秆的处理成为制约该农场发展的瓶颈。孙爱红通过多方考察，选定肉牛养殖作为自家粮食生产的补充，坚持以“青贮”促“养殖”，充分利用自家玉米秸秆，建设200吨青贮池1座，养牛规模也逐渐从15头扩展到100头。

三、责任在肩，带动周边共同富裕

孙爱红因种地多、种田能而出名，先后被授予“全国农牧渔业丰收奖”“神内基金农技推广奖”“全国种粮大户”“甘肃省劳动模范”等荣誉称号。取得荣誉后，孙爱红觉得肩上的责任更重了，他积极投身于新技术的推广示范工作，是当地的“土专家”，怀揣吃苦耐劳的精神和对发展农业的满腔热情，流转土地，带领乡亲们脱贫致富。在他的示范带动下，周边地区涌现出一大批土地流转经营大户和养殖大户，使农业生产有了新气象。

案例启示

爱红家庭农场是当地第一家家庭农场，它不仅使当地大量撂荒地重新变成了良田，还吸纳村民参与到规模化农场经营，增加了收入。农场主孙爱红强调，家庭农场的快速发展离不开党的好政策和政府的大力扶持。如今，在党的二十大春风吹拂下，以及农村“三变”改革提供的新机遇，让他又有了新梦想。这个梦想就是以土地入股的方式把农民手里分散的土地集中起来，实现规模化种植，把村民的土地资源变成能赚钱的资产。这个梦想的基础是土地所有权、承包权、经营权三权分离。

靖远兴和家庭农场

——西瓜成为致富瓜

案例介绍

兴和家庭农场位于甘肃省白银市靖远县五合镇白塔村，农场主周聪具有多年的农业生产实践经验，他积极响应国家政策，于2015年5月在白塔村成立了兴和家庭农场。该农场现有家庭成员5人，常年从事农业生产的有2人，聘请技术员1名，常年用工1人，高峰期临时用工30多人，带动了当地120多户农户种植沙田西瓜。沙田西瓜的年销售额超过90万元，带动农民务工和沙田西瓜种植的收入超过300万元。

一、流转土地种西瓜

靖远县五合镇白塔村位于109国道沿线、兴电工程高扬程灌溉区，交通便利，水资源充分，耕地多，农业资源丰富。村里青壮年劳动力大都外出务工或经商。作为共产党员的农场主周聪，一直想在土地上寻找帮助农民致富的路子。经过几年的探索、学习和考察，在上级有关部门的大力支持下，2015年，他在全村率先成立了家庭农场，流转土地280多亩，种植金城5号、陇星等良种硒沙瓜200亩，栽植苹果树50亩、桃树30亩。从沙田改造、道路整修、电线架设、蓄水池修建到整地、选种等，他都要求技术人员和作业工人认真做好。虽然该农场种植沙田西瓜起步较晚，但对硒沙瓜种植基地的标准和要求却很高。目前，该农场建成大型蓄水池 1 座，配套滴灌设施，再加上农业技术人员的精心指导和自己的不懈努力，使西瓜亩产达到 3000 多公斤。由于采用了绿色无公害种植技术，增施了有机肥，因此西瓜产量高、品质好，一进入市场就受到外地客商的普遍欢迎，每亩产值超过 3500 元。

二、学用科技增效益

不同于粮食作物，沙田西瓜的种植对技术要求较高。周聪把应用科学技术和农业专业知识、提高种植技术和产品品质当作第一要务，抓住一切机会，利用闲暇时间，多次到县、乡农业技术部门学习技术，并通过阅读杂志、收看农业科技节目、购买种植技术光盘等多渠道搜集种植信息，了解新市场、引进新成果，不断强化自身技术本领。通过学习和实践，他总结出自己种植硒沙瓜的心得，同时组织农场经营人员参加县、乡组织的农业科技培训；不断改进硒沙瓜种植技术，学习他人的先进经验，使硒沙瓜产量和品质都有了大幅度提高；通过积极争取项目支持，试验、示范、推广了西瓜育苗移栽技术和育苗嫁接技术，取得了明显的经济效益，使周边农户种植硒沙瓜的积极性高涨，促进了当地农村经济发展。在加强学习的同时，他主要在耕地改良上狠下功夫，通过配套滴灌设施确保西瓜灌水需要，通过犁耙、使用农家肥等改良土壤，大力推广肥水精准管理、育苗移栽、病虫害防治等标准化生产技术，严格投入品监管，提高生产技术标准化程度，确保生产的西瓜完全符合绿色无公害食品标准；建立健全田间生产记录档案，定期邀请有关部门对农场生产基地土壤、水质、农残进行抽样检测，加大监督力度，确保农产品质量安全。

每年有 30 多万公斤的该农场生产的优质硒沙瓜销往全国。硒沙瓜品质好，口感香甜，消暑解渴，很受消费者喜爱。

三、面向市场促产业

虽然靖远县兴和农场取得了一定的成绩，但是农场主周聪并没有就此止步。他说："我不仅是农场的带头人，还是全村农业科技示范带头人，我要以农场建设为切入点，通过示范带动，实现全村乡亲们共同致富，把沙田西瓜产业做成村民增收致富的支柱产业。"为此，他经常和左邻右舍座谈，交流西瓜种植经验，无私地把自己的成功经验与大家分享，形成"一村一品"的产业格局，面向市场，走共同致富道路。他千方百计地联系外地客商，实现农场和市场的无缝对接，把农场和村民生产的优质西瓜销售到全国各地，为消费者提供安全、优质、甜美的硒沙瓜，为促进当地西瓜产业发展做出了自己的贡献。

案例启示

在农业新型经营主体蓬勃发展的今天，兴和家庭农场抓住政策机遇，依靠科技，面向市场，通过流转土地，开展规模经营，取得了显著的效益，并发挥着良好的示范、辐射和带动作用，极大地促进了农业增效、农民增收和农村经济的快速发展。该农场的成功得益于用高标准的建设生产基地；得益于用标准化生产技术种植沙田西瓜、栽植果树；得益于把控质量，通过国家绿色食品 A 级认证；得益于注册"创达"商标，在供应本地市场的基础上，远销成都、重庆、西安、兰州等城市。

明桂渔村家庭农场

——围绕乡村游，展现新气象

案例介绍

明桂渔村家庭农场位于黑龙江省哈尔滨市道外区民主镇庆丰村，距市中心 15 公里，占地 235 亩，其中池塘面积 156 亩。该农场由韩明祥一家经营，目前已发展为集果蔬、杂粮种植，畜、禽、鱼养殖和餐饮服务、休闲度假于一体的综合型家庭农场，经济效益和社会效益显著。

一、增加垂钓项目，拓展经营范围

该农场建设初期，由于农场主韩明祥缺乏经验，导致养鱼效益很低。后来，他通过参加各种养鱼培训班、积极学习他人的先进经验，逐步积累了养鱼经验。为了发展休闲农业，提高养鱼效益，韩明祥开始围绕垂钓养鱼，在 18 亩鱼池中投放了 1 万公斤 1.5 斤以上的成品鱼，并合理安排好开池时间，保证从每年 4 月中旬到 10 月中旬都有成品鱼供游客垂钓。另外，有 1 万公斤成品鱼越冬，供来年春季垂钓，68 亩鱼苗池培育 0.25～0.6 公斤大规格的鲤、鲫鱼苗 3 万公斤。为了给游客提供更多高质量的鱼，他采用了颗粒饲料机械驯化养鱼技术，使垂钓池达到亩产 500 公斤以上。鱼的品种不断增加、质量不断提高，鲤鱼全部为德国镜鲤，鲫鱼为银鲫鱼，此外引进了品质较好的丁鱥鱼。该农场年产商品鱼2.5万公斤，年垂钓量0.5万余公斤，经济效益显著。

二、瞄准市场需求，调整经营项目

由于近年来北方养鱼受外埠商品鱼的冲击较大，加之垂钓在当地遍地开花，垂钓效益开始逐年下滑。面对悄然兴起的乡村旅游潜在需求，该农场农场主以市场为导向，经多方筹措资金，建起了一栋5000余平方米的集住宿、餐饮、娱乐、健身于一体的综合楼，供城里居民休闲度假。又针对城里居民喜欢吃农家饭菜的习惯，种植了20余亩有机蔬菜，供游客采摘，同时散养了鸡、鸭、鹅、猪等供游客食用。这样，便形成了垂钓带餐饮、餐饮促垂钓的互促局面。此外，将26亩鱼塘改建为荷花池，铺设6600平方米的草坪，搭建1座大型室外舞台，草坪、礼堂可同时容纳500多人观礼、就餐，成为周边村民举办婚礼的最佳去处。特别是每年7月初至10月末荷花盛开之时，在蓝天白云映衬下，荷花、草坪、鱼塘呈现一派田园风光，美不胜收，不仅成为当地年轻人举办婚礼的首选地，而且吸引着众多城里的年轻人来此举办富有乡村风情的婚礼。

三、致富不忘乡亲，带动村民增收

经过不断的努力创新，该农场在发展壮大的同时，有效带动了当地村民脱贫致富。在农场经营旺季，每年的用工需求在30人左右。该农场首先招聘那些生活困难的村民，视他们的身体状况安排如喂鱼、饲养畜禽、保洁、餐厅服务等力所能及的工作，劳动报酬较高，得到了村民和当地政府的一致认可。

案例启示

明桂渔村家庭农场以渔业养殖为基础，结合城郊特点，侧重发展农家乐，结合乡村休闲需求和新农村建设，打造出有特色、有风景、有档次的农村餐饮新标杆。本案例较为详细地讲述了休闲农业、渔业养殖同质化的弊端，也突出了“人无我有、人有我精”的优势。在市场竞争日趋激烈的今天，在周边同行都全力以赴的环境下，如何经营好综合类家庭农场，实现差异化定位，是摆在诸多农场主面前的经营难题。在规模相对稳定的前提下，农场主需要更多地参与各方面特别是销售和经营管理方面的培训，不断学习经营思维、经营模式、种养殖技术等方面的知识，在提升农产品质量的同时，不断提高差异化、稀缺化农产品供应能力。对于种养殖体验、采摘、观光旅游等业务，行业整体竞争实力也不断提升，需要更好地规划自身的生产能力，平衡主副业之间的关系，调整生产资料的配给，从而获得较高的经济回报。

裕民家庭农场

——从大学生村官到农场主

案例介绍

湖南省常宁市裕民家庭农场的农场主王芳勇是常宁市洋泉镇杉树村党支部第一书记、衡阳市十佳优异大学生村官（创业之星）、衡阳市青年五四奖章获得者。他走出了一条和最初选择不完全一致的创业道路。

一、满怀火热情怀，投身农村建设

2011 年 8 月，经过组织部门的层层选拔，充满激情与活力的王芳勇脱颖而出，被选派到洋泉镇杉树村担任大学生村官。为尽快适应环境、融入农村，到村里后，他带着民情日记，白天进村入户走访，晚上边思考边撰写心得。杉树村作为一个典型的无资金、无项目、无资源的“三无”落后村，大量劳动力外出，农田抛荒问题日益严重。通过走访，他发现村民都有致富增收的愿望，但也普遍怕担风险，对规模种植顾虑重重。经过思索，他认为流转承包农田是解决抛荒问题的有效途径，并提出相关倡议。他的倡议得到了村党支部委员会、村民委员会的充分认可和支持，但是就是没有人下决心承包土地并发展规模种植。

二、筹措启动资金，踏上创业之路

面对困难，他以家庭农场为起点，决定先做给村民看。对于初出茅庐的农场主，最大的问题就是资金短缺。初步估算，流转种植200亩农田至少需要10万元，这对他来说无异于“天文数字”。正在他急得团团转时，父母拿出辛苦劳作的积蓄，还主动向亲朋好友借钱，筹满15万元作为创业“头本”。手捧着这笔来之不易的资金，王芳勇暗下决心：一定要干出个样子来！

除了资金，他在连片规模种植方面又遇到土地流转难题。对于靠天吃饭的农民来说，土地就是他们的饭碗。为做通村民的思想工作，他一家一家地跑、一户一户地说，掰着指头给村民分析优势、算经济账，通过采取一定比例的经济补偿的方式，签订土地流转合同200亩。有一次，他与樟树组村民邓某签订协议，流转农田8亩，签订协议后，邓某觉得与烤烟农田流转相比有些“吃亏”了，不但撕毁协议，还散播流言蜚语，想发动群众制止流转，导致群众思想出现较大波动。他知晓后，第一时间和村组党员干部挨家挨户做工作，晓之以理，动之以情，平抚了群众情绪，顺利地解决了土地流转的难题。

创业维艰，奋斗以成。创业之初，王芳勇几乎每天都是6点起床，吃住在村里，集中育秧、机械插播、防虫治病等每一个过程都不放过。特别是天旱缺水期间，他把凉床搬到水渠边，凌晨两三点还要起床沿着水渠一路察看，确保灌溉用水通畅。第一年，双季稻种植就喜迎丰收，他赚得人生“第一桶金”。人变黑了、变瘦了，但信心更加坚定了。

三、推广机械作业，探索共赢之道

王芳勇认为，农业的根本出路在于机械化，机械作业已成为现代农业的发展方向，要想扩大规模，农业与农机必须相结合，走家庭农场与合作社联合经营的道路。于是，王芳勇抱着些许希望，主动向洋泉镇领导汇报，没想到立即得到了洋泉镇主要负责人的大力支持。他的倡议与当地种植大户的想法也不谋而合。秉持入社自愿原则，以带机入社、带田入社、带资入社等形式，他带头组建了常宁市第一家农机专业合作社——湘宁农机专业合作社。农业机械的推广和使用，使油菜、水稻生产效率大幅提升，农民劳动强度大大降低。据了解，采用机械化作业后，水稻插秧、收割每天可完成 20 亩，油菜种植每天可完成 30 亩。同时，机械化带来了产量的提升。据测产统计，亩产水稻由原来的 400 公斤提高到 510 公斤，亩产菜籽由原来的 125 公斤提高到 135 公斤，极大地调动了社员的种植积极性。

经过土地流转和机械化作业，全镇形成了“村组有样板、户户有看头”的景象，打破了原有“一家一户种油菜，单家单户收水稻”的旧思维，从而做到冬种油菜、夏种水稻，水稻油菜两不误，形成了粮油千亩齐流转的新格局。

案例启示

如果按照正常的人生轨迹，王芳勇会从大学生村官一步一步走向体制内，可能会成为技术型专家，也可能会成为服务一方的工作者。但他在服务农村、服务农业的过程中，成立家庭农场，承包土地种植粮食，通过自身的示范带动，使抛荒的土地重新种上了粮食，使农业也成了有奔头的行业。他致富也不忘共富，与10个种植大户签订了合作社组建协议，并亲自起草合作社章程，从合作社组建、基础设施建设、民主管理、财务管理、经营服务、利益分配等方面进行规范。他先后组织社员到韶山、衡南云集考察学习，鼓励社员购买农机。在洋泉镇的杉树、水龙、新瓦等村经营的3000余亩农田全部实现机械起垄、播种、插秧、施肥、收割等“一条龙”全程机械化作业。合作社出资43万元引进了3组先进的作物烘干设备。目前，该合作社有大小型机械30余台（套），资金总投入达200余万元，被评为湖南省现代农机专业合作社。榜样的力量是无穷的，在他的带领下，衡阳市的大学生村官积极投身创业热潮，立志在这片宽广的热土上书写精彩故事。

西洞庭金山家庭农场

——有闯劲，有梦想

案例介绍

西洞庭金山家庭农场位于湖南省常德市西洞庭管理区祝丰镇龙天村，成立于 2016 年，主要由李本军及其家庭成员经营。该家庭农场有主要劳动力 5 人，其中家庭成员 4 人，常年雇工 1 人；有流转土地 430 亩，其中种植绿肥+再生稻 330 亩、一季稻+龙虾 70 亩，年收入超过 80 万元。

一、注重科技，效益有保障

随着农业转型升级，西洞庭地区传统的种植品种甘蔗面临被淘汰，棉花的种植效益也不好，龙天村许多村民外出打工。2015 年，李本军反其道而行之，签订土地流转合同，流转土地 430 亩，进行水稻生产。“种田一定要注重科技，才能取得好效益”，作为省劳模的父亲李清山这样谆谆教导儿子李本军。在父亲的影响下，李本军抓住了种植水稻的四个关键——选好品种、化学除草、病虫专业化防治、机收，并与湖南金大地农分有限公司签订病虫专业化防治合同，仅防治成本就节约 4 万元左右且效果良好。其水稻种植第一年就获得成功，单产达到 1000 公斤。

二、注重创新，来势更喜人

“西洞庭金山家庭农场不光要成为自己致富的金山，还要成为全体村民致富的金山。”这是李本军最大的梦想。面对农业供给侧结构性改革，家庭农场究竟怎么发展，农场主李本军开始了积极探索。从种植绿肥+再生稻、一季稻+龙虾到增加大米加工线，再到生态种植+养殖、生态种植+加工，李本军北上湖北潜江、南下南县虚心请教，做了很多尝试。目前，该家庭农场主要种植绿肥+再生稻，适当发展一季稻+龙虾种养轮作。由于当地再生稻发展迅速，以收储为主，没有相应的品牌，他便增加了大米加工线，由卖谷转为卖米，打造生态米品牌。在他的示范带动下，越来越多的村民改变了对传统农业的看法，重新投身于农业，也依托农业富了起来。

案例启示

西洞庭金山家庭农场的农场主李本军通过适度控制流转土地规模，发展再生稻，科学种田、种养结合，增加了种粮效益，成为高素质的农民。该家庭农场的经营提供了以下值得借鉴的经验。一是科学种植。农场主多次参加当地农业部门的技术培训，创建了农场生产流程模式，完善了生产活动档案。二是专业管理。依托相对专业的机构，开展病虫害防治工作，取得了较好的效果。三是种养结合。探索的“稻+小龙虾”种养模式，充分利用了田、水资源，获得了种植养殖两份收入，还提升了水稻、水产品品质，可谓一举多得。四是因势利导。通过增加大米加工线，有效地解决了种植环节效益低、销售受中间商制约的“难题”，获得了更好的经济效益。

小蜜蜂有机家庭农场

——传统的种植对接现代生活

案例介绍

小蜜蜂有机家庭农场位于湖南省常德市鼎城区尧天坪镇尧天坪村，距离常德市城区 40 公里，农场就建在陶渊明《桃花源记》中的原型地桃源洞和国家级森林公园花岩溪之间，这里土质肥沃，阳光充沛，雨量充足，环境优美，风景怡人。

一、“倔强”的农场主

小蜜蜂有机家庭农场创建于 2013 年 9 月。其农场主李丹是一名大学音乐专业毕业生，面目清秀，歌声甜美。就是这样一位执着的“80 后”女青年，从学校毕业后，没有从事有发展潜力的音乐事业，却倔强地投身她认可的农业发展之途，还把她的妹妹也拉入伙，成为将“社区支持农业”有机农业模式引进常德的第一人。

二、“社区支持农业”有机农业模式

“社区支持农业”有机农业模式，即市民和农民交朋友，市民预先支付费用并参与农事活动，农场按照要求种植农产品，并配送

到市民家中。这一模式在美国有广阔的市场，在我国还处于探索与经验积累阶段。李丹多次赴北京向从事同一职业的女博士后学习，交流经验，取长补短。“社区支持农业”有机农业模式是重新构建市民和农民之间消费信任的良好模式，能实现农产品“私人订制”，即为特定消费者生产信得过、放下心的有机食品，这样，农场在提供有机绿色健康食品的同时，也确保了收益。

三、传统的种植模式

小蜜蜂有机家庭农场的基地面积由初期的几十亩发展到如今的500多亩，聘有附近村民50余人，全年可供应90多个蔬菜品种，满足不同层次消费者的消费需求。该农场严格坚持有机种植模式，坚决不使用化学合成农药、化肥、转基因品种、激素、除草剂等，坚持用农家肥、沤肥，发生虫害时人工除虫。

四、方便快捷的微信销售平台

该农场为了方便及时地为会员提供个性化服务，建立了比较完善的微信销售平台和微信会员管理系统，开通了微信商城，消费者只要拿起自己的手机，便可以在系统内自由选择蔬菜品种和份量，了解新菜品和农场动态，通过系统选择套餐并实现在线充值和余额查询。该农场不限制消费，可根据自己的需求自行消费，每周设6个固定配送日，直接将新鲜的产品送到会员家里。目前，其商城的日销售额已突破万元。

案例启示

随着城乡居民消费结构的不断升级，人们对农产品的需求已经从“有没有”“够不够”转向“好不好”“优不优”。小蜜蜂有机家庭农场秉承和传播“良知、快乐、分享、便捷”的原则和理念，在种植方式上采用自然农业技术，尊重自然界的重要性，重视传统农耕文化和乡土知识的传承；瞄准中高端市场，利用微信拓展消费群体，通过微信商城订单刺激消费，通过口碑吸引再消费，倡导“吃在当地、吃在当季”。农场不仅让市民吃到了健康的农产品，改善了种植环境，而且大大解决了农村过剩劳动力的就业问题，在得到实惠的同时，鼓了村民的钱袋子，使尧天坪村成为远近闻名的生态有机种植村。

经亮家庭农场

——努力经营树品牌，合作共赢闯市场

案例介绍

经亮家庭农场位于湖北省洪湖市万全镇永丰村，2014 年成立。2012 年春节后，原本在外经商、意欲返乡创业的刘经亮把握机遇，从万全镇永丰村村委会承包了位于三组的 110 亩低洼田、冷浸田。2014 年 9 月底，经亮家庭农场正式挂牌，注册资本 70 万元，成为永丰村第一家家庭农场。该家庭农场由 4 个亲属家庭联合发起，7 名核心成员均具有一定的劳动能力且相互信赖。

一、瞄准市场，准确评估当地市场需求

该农场农场主刘经亮经过反复的市场调查，最终谨慎地选择中华草龟和中华鳖的孵化繁育，建起了一个 100 多平方米的温控孵化室和五口水泥池，作为幼苗的培育池。正因为存在需求，所以其产品才得以快速地进入附近水产市场。该农场与洪湖市八卦洲农业生态发展有限公司签订了常年的供销合同，周边峰口、汊河、瞿家湾等乡镇的水产养殖专业合作社也争相订购其龟鳖苗种。准确的市场定位为农场尽快获利起到了保驾护航的作用。

二、构建生产经营制度体系，实施企业化管理

为了避免家族式经营造成员工管理难度大的弊端，经亮家庭农场建立健全了龟鳖孵化管理制度、生产流程制度、禁用饲料农药制度、财务管理制度等八项规章制度，制度面前一视同仁，让员工有章可循、照章办事，生产井然有序、有条不紊。经过多年的发展，该农场已逐步成为规模化、集约化、商品化的新型农业经营主体，被湖北省农业农村厅授予“省级示范家庭农场”光荣称号。

三、遵循绿色、有机、原生态养殖规律，不断提高产品质量

经亮家庭农场始终遵循绿色、有机、原生态养殖规律，产品质量深受养殖户的青睐。该农场的中华鳖产品获得了中国质量认证中心颁发的有机产品认证证书。

四、成立农民专业合作社，共同闯市场

刘经亮的成功试水引得周边农户心动不已、咨询不绝。刘经亮深思熟虑后认为，一花独放不是春，百花齐放才能春满园，于是倡议成立了水产养殖专业合作社，村里 40 多户农户踊跃参与。在合作社成员共同努力下，除了龟鳖的养殖，鳜鱼、黄鳝、黄颡鱼等名特优水产品的养殖也做到了品种齐全、品质优良，全村水产养殖面积扩大到 2000 多亩，合作社成员的钱包也都鼓了起来。

案例启示

随着收入及生活水平的提高，消费者更加注重产品质量，消费需求由过去“吃得饱”向“吃得安全、吃得营养、吃得健康”转变。经亮家庭农场抓住这一转型机遇，搞特色养殖，坚持有机生产，走出了一条优质化、特色化的养殖之路。该案例表明，要提高家庭农场的市场竞争力，靠单一品种、单一家庭会比较困难。该农场在突出自身拳头产品中华鳖的基础上，也尝试草龟及其他名特优水产品的引进和繁育。通过成立农民专业合作社，联合周边农户共同树品牌、闯市场，有利于降低营销成本，提升区域影响力。现在提起永丰村，人人都知道这是当地赫赫有名的水产养殖村。产品质量好，当然价格也很好，所以说从独乐乐到众乐乐，也是国家推动家庭农场这一新型农场主体发展的题中应有之义。

绿野家源家庭农场

——多元经营防风险，循环种养增效益

案例介绍

绿野家源家庭农场位于吉林省长春市九台区纪家街道尹家村，坐落在美丽的雾开河畔。该农场注册于2014年，主要从事水稻、玉米、黄豆等粮食种植，鹅、鸡、鸭等畜禽养殖，以及农产品加工与销售。农场主颜停站是大学本科学历，是典型的新型职业农民。2009年从长春职业技术学院毕业后，他并未像其他毕业生一样选择在城市工作，而是遵循自己内心对农业的热爱，怀着一腔热情返回农村，投入农业事业。

目前，该农场共经营土地860亩，其中785亩用于粮食生产，包括自家承包地35亩、流转土地750亩；75亩开荒鱼塘用于渔业养殖。拥有各类农业机械和运输车辆21台，机械库房1000平方米、仓储库房800平方米、办公楼350平方米；生产经营农副产品60余种，年产大米15万公斤、杂粮5万公斤、豆油1万公斤、肉鹅1万只、鸡1000只、各种禽蛋21万枚、鱼0.5万公斤、猪20头。通过多年的摸索，绿野家源家庭农场走出了一条“种养结合、生态循环、品牌经营”的发展道路，取得了良好的经济效益和生态效益，被评为吉林省“省级示范家庭农场”。

一、多种经营，降低风险

随着农业设施设备的更新换代，农民抵御自然灾害的能力有所增加，但是在极端气象条件和大规模病虫害侵袭的情况下，个体的力量还是有限的。因此，在该农场成立之初，颜停站便将经营范围定位在以水稻、玉米为主的农产品种植和肉鹅为主的畜禽养殖，希望通过多元化经营，抵御单品种的经营风险。例如，2015年东北大部分地区遭受了几十年未遇的旱灾，农场的粮食种植遭受重创，玉米减产九成，仅此一项就损失18余万元，但“幸运”的是，当年农场肉鹅销售收入达20余万元，有效地冲抵了粮食种植受灾产生的损失，这次事件更加坚定了他通过多种经营方式增强抗风险能力的决心。从此之后，他不断调整产业结构，拓展着自己的经营范围，经过几年的努力，形成了以种植业为主、兼顾发展养殖业的经营模式。粮食种植规模大体稳定为种植水稻420亩，黄豆180亩，籽粒玉米、食用玉米糁和黏玉米150余亩，高粱等各类杂粮30余亩的规模。养殖业则以肉鹅、鸭、鸡禽类和渔业为主，猪为辅。此外，还生产少量南瓜、胡萝卜等季节性蔬菜。多元化的粮食和畜禽生产经营，使得该农场的收入相对稳定，抵御风险的能力得到较大提升。

二、循环种养，提高效益

该农场充分发挥自身优势，通过种植和养殖相结合，逐渐摸索出一套生态循环农业的发展模式，不仅能够充分利用农场资源实现经济效益最大化，而且能够显著提升生态效益。其主要特点是鸡、鸭、鹅、猪等畜禽产生的粪便撒入鱼池做饲料，既肥鱼，也肥水；用鱼池的水灌田，减少化肥的投放量，提高农作物品质的同时降低种植成本；利用玉米灌浆时营养最丰富的特性，及时收割粉碎，掺入粮食加工后产生的稻糠、谷糠、高粱糠、豆粕等，制成养殖饲料，既保证饲料的优质性，最大限度地利用粮食的边角料，又大大降低养殖的饲料成本。此外，该农场将占地面积多达1.5万平方米的12栋水稻育苗大棚充分利用起来，每年3月末至5月育苗；5月到7月育雏鹅，鹅度过60天育雏期后，转移到室外散养；7月初到10月末种植蔬菜，育雏期间积存下来的粪便肥沃了土地，不需要施化肥，提升了蔬菜的质量。这样一个生态循环链条的搭建，提高了资源利用效率，降低了生产成本，改善了产品品质。

三、塑造品牌，提升价值

颜停站有一段难忘的经历，就是在他开荒种地的时候，和妻子每天开着小货车跑市场，因为没有自己的品牌，也没有自己的包装袋，只能使用米厂的，即使采用低价策略，销售也困难重重。这让他认识到，农场必须塑造自己的品牌，才能改变优质农产品不优价的窘境。在该农场成立后，他积极筹划，于2016年注册了“颜家农场”商标，从此有了自己的品牌。通过多年的经营和推广，“颜家农场”的品牌附加值逐渐增加，已经成为农场的一张“金名片”，使农场生产的“稻花香”大米和“超级香”大米（吉宏6号）的价格分别提高了50%和30%。

四、拓展渠道，开拓市场

为进一步拓展市场，该农场在保留超市代销及长春市和九台区两个农贸市场直销摊位的基础上，开设颜家农场直营店，专门出售绿野家源家庭农场生产的大米、豆油、高粱、玉米糁、黄豆、散养鹅、散养猪、鲜鱼、老母鸡、青年鸡、鸡蛋、咸鹅蛋、咸鸭蛋及时令蔬菜等60余种农副产品，通过“底薪+提成”的方式增加销量。与此同时，利用“快手”“抖音”等直播软件，通过小视频、网络直播等推介农场产品，并且以邮寄少量的农产品试吃的方式获得消费者的信赖。如今，绿野家源家庭农场的产品销售已经拓展到北京、上海、广州、深圳等地，并且积累了大量的忠实客户。目前，其直营店和网络销售的收入分别占农场收入的75%和25%。

作为新一代职业农民，在颜停站心中，绿野家源家庭农场目前还没有做到最好，未来绿野家源家庭农场将坚定不移地走绿色环保的发展道路，向着彻底摒弃化肥、农药，完全使用有机肥料，让所有农业废料都得到充分利用，形成自身生态循环系统的完美目标迈进。

案例启示

当前，农业发展面临着自然灾害风险不确定性增大、政策性农业保险保障不足、粮食市场价格下降且波动、生产成本不断上涨等突出矛盾和问题，家庭农场普遍面临因灾减产、利润收缩等经营问题。绿野家源家庭农场探索出多元经营、循环种养、品牌增效、拓展渠道的新路子，有效地抵御了自然、市场双重风险，提高了经济效益和生态效益。

该案例表明，家庭农场要想抵御风险、稳定收益、增加收入，应从以下四方面入手。一是多元化经营。家庭农场通过种植多种作物、涉及多个行业、生产多种农产品，能形成相互补充的格局，从而能有效抵御自然、市场和经营的风险。

绿野家源家庭农场通过水稻、黄豆、玉米等粮食种植和肉鹅、鸡、鸭等畜禽养殖相结合，同时将稻米、黄豆、肉鹅等加工成60余种农副产品，充分展现了“不要把鸡蛋放在一个篮子中”的朴素智慧，有效防范了单一作物一旦遭灾就损失全部的风险。二是循环种养。循环种养在我国农业发展历史上由来已久，“桑基鱼塘”即循环种养农业的典型模式。绿野家源家庭农场探索的“粮食种植—畜禽饲养—渔业养殖”循环种养模式与上述模式异曲同工。这种模式不仅能够有效发挥家庭农场生态系统中物质能量循环转化和生物之间共生、相养规律的作用，达到节本增效的效果，体现纵向一体化、节省交易成本、增加收入的效益最大化原则，而且使家庭农场内部食物链中动植物资源得以循环利用，从而维持生态系统平衡、实现局部生态效益，体现了家庭农场进行绿色生产的天然自觉性。三是品牌经营。传统农业中小农户普遍缺乏品牌经营的意识，即便生产了优质的农产品，也难以实现优质优价。绿野家源家庭农场也是经过创新实验、持续比较、不断筛选等艰难实践，才培育和塑造了自己品牌——颜家农场，实现了价值提升。四是拓展销售渠道。家庭农场的产品销售渠道不能局限于传统的小贩收购或依附于龙头企业，而应通过拓展销售渠道实现收益最大化。该案例表明，善用直营店和互联网平台进行销售，能够显著增加农场的收入。

当然，政府部门应当继续完善政策性农业保险、信贷等政策，强化农业生产技术、农场经营管理、品牌创建等方面的培训力度，以帮助家庭农场抵御自然、市场风险，充分实现节本增效，从而不断提高农民的收入。

鸿运家庭农场

——以家庭农场为契机，实现规模化经营

案例介绍

鸿运家庭农场位于吉林省通化县西江镇，创办于 2014 年。该农场的农场主曾祥旭皮肤黝黑，给人的第一印象是老实沉默，可当谈及水稻种植时，却神采飞扬，简直判若两人。该农场现有水稻种植面积 670 亩，年收入 50 余万元，拥有 554 型拖拉机 2 台、旋耕机 2 台、手扶型拖拉机 2 台、水稻插秧机 1 台、水稻收割机 1 台，基本上实现了全程机械化作业。

一、规模经营，降本增效

曾祥旭通过承包村里的 60 余亩水田种植水稻，开启了他的创业之路。由于经验不足，加之需要投入一些设备，最初几年较为艰难，但他坚信种粮要有效益，还是需要依靠规模经营，只有扩大了经营面积，才可以减少单位面积生产成本，降本也是增效，扩大规模才能提高效益。家庭农场相关政策的出台，给了他经营的勇气。经过详细的市场调查和资金筹备，他流转了当地 400 多亩承包地，开始大面积发展水稻种植。随着规模的扩大，单位农业投入品有了 5%～10%的下降，农业机械利用率也提高

了，从种到收实现了全程机械化。

二、依托企业，承接订单

随着种植规模的不断扩大，销售成为新的问题。此时当地政府正在推广“家庭农场+合作社+龙头企业联合经营”的生产模式，在相关部门的牵线下，该农场与当地种植合作社及省级龙头企业——通化江达米业有限公司（以下简称江达米业）签订水稻订单回收合同，走起了订单农业之路。由企业负责制订生产经营计划、制定生产标准、供应良种及生产资料、收购产品等，种植合作社负责农业生产全过程的专业化和社会化服务，家庭农场则按照龙头企业的技术标准，负责粮食生产。由于合作紧密，江达米业与专业合作社选择了鸿运家庭农场推广 100 亩的无公害地膜覆盖水稻种植技术，其生产的水稻以每公斤 11 元的高价被企业回收，仅此一项就增加收入 5 万元。

三、跟踪服务，科学种田

该农场创办后，得到了通化县农业相关部门和当地政府的大力支持。当地农技人员主动上门服务，为他的家庭农场提供了两项跟踪服务。一是跟踪技术服务。当地政府委派农技人员对种植户进行全程技术跟踪服务，帮助农场选种、育苗、施肥、收割，有效地解决了种子来源和种植技术等问题。二是提供免费测土配方施肥技术服务。农技人员为他提供了施肥配方，既提高了肥料利用率、降低了成本，又增加了效益。同时，为鼓励农民的种粮积极性，当地政府也给出相关的扶持政策。一是政策资金扶持。在了解到农场资金周转困难的情况后，农技人员帮他协调相关单位，争取到 5 万元的无息贷款，解决了资金不足的问题。二是提供保险服务。协调相关部门为农场办理了农业保险，提高了农场对灾害性天气的抵御能力，消除了他的后顾之忧。

四、带动周边，效应明显

在农村，家庭农场是一个新兴事物，对于曾祥旭创办家庭农场，周边农户都存在观望情绪，但看到实效后，很多种粮大户找到了他，希望他能够传授一些经验。对此，曾祥旭没有丝毫的吝啬，亲自帮助他们选择优质品种、进行技术指导、畅通产品销路。在他的示范引领下，西江镇先后又成立了多家以粮食生产为主业的家庭农场，家庭农场这种新型经营主体逐渐深入人心。

案例启示

鸿运家庭农场是一个典型的由种粮大户升级换代为家庭农场的案例。农场主曾祥旭专注于粮食生产，在经营发展过程中，为进一步成长，成立了家庭农场。成立家庭农场后，曾祥旭确实在政策、资金一系列方面得到了专项扶持，规模也得以扩大。也正因为鸿运家庭农场的示范作用，这一新型经营主体快速融入了当地的农业生产经营活动。由于粮食生产的特殊性，粮食的规模化经营既有5000亩以上的大规模生产，也有100多亩的“小富既安”生产。本案例670亩的种植面积不大不小，种植品种也比较单一，这为家庭农场适度经营提供了较好的参考依据，因为雇工不多，受劳动力成本上涨的影响比较小；粮食收购价格的上涨、政府的相关补贴政策也在一定程度上消化了农资上涨造成的成本增加。总体而言，在家庭农场经营中，还是要综合考量规模问题，规模过大，不仅会导致粗放经营，从而影响经营效率，而且会造成各种风险过度集中，对农场的生存发展产生不利的影响。可见，量力而行、顺势而为，才能让家庭农场发展得越来越好。

金泰家庭农场

——通过土地流转，解放农村劳动力

案例介绍

金泰家庭农场位于吉林省蛟河市新站镇五家子朝鲜族村，有耕地面积 100 多公顷，只有 125 户农户，大多数村民长年外出打工。有的农民将土地闲置或请人代耕，造成了土地资源浪费。黄金太通过调查发现，五家子朝鲜族村地处榆江公路沿线，交通运输便利，村里耕地为土层深厚、土质肥沃、排水良好的沙壤土，作物生长期降水充沛，种植黏玉米具有得天独厚的优势，况且规模化种植黏玉米的经济效益是种植普通大田作物的 2 倍，于是便产生了流转农户土地的念头。通过流转土地，其他农户既可以获得高价值的流转收益回报，又可以外出打工创造更多财富，是一条带领农民增收致富的好门路。通过努力，他成功流转土地 2600 亩，让金泰家庭农场有了发展特色黏玉米产业的资本。

一、流转土地发展特色产业，转移劳力促进农民增收

由于金泰家庭农场流转承包的土地价格比市场价每亩高出 50 元，因此流转土地的规模不断扩大，不仅把本村的大部分土地流

转过来，而且流转承包了周边村屯甚至相邻乡镇的耕地，流转期限一般在5~10年，有的长达15年。目前已流转的2600多亩土地中，有1500多亩种植黏玉米。通过与省级龙头企业蛟河市永丰冷冻食品有限公司签订订单，仅生产黏玉米一项，年产值达200万元，年利润50多万元。同时，实现农户土地流转收益150多万元，实现劳动力转移180多人，农户外出打工可增加收入550多万元。

二、广泛应用大型农机具，实现区域全程机械化作业

以往农户小片经营土地，不利于农业机械化推广，通过土地流转实现规模经营，为开展机械化作业提供了条件。在国家农业机械补贴政策的扶持下，金泰家庭农场先后购置了播种机、收割机等大型农业机械27台（套）。同时，把农机手集中起来，雇用他们进行机械化连片作业，实现了区域全程机械化生产，为发展特色黏玉米种植产业及规模经营创造了有利条件。机械化耕作比人畜力耕作每亩可增产50公斤，机械化深施肥，肥效率可提高30%左右，使玉米增产8%，省时、省力、省成本，同时能提高农产品产量和质量，增加农业生产效益。据测算，通过全程机械化作业，每亩可降低生产成本200元。金泰家庭农场把这部分收益投入土地流转承包费，用高价承包费获得集中连片的土地，实现区域全程机械化耕作，从而使土地流转双方实现了双赢。

三、加强农业技术培训和指导，推进新品种试验与示范

先进的种植技术是增产增收的关键，规模经营为新技术的推

广应用搭建了平台，推动了农业技术升级，提高了农民的种植技术水平和种植产品的品质。以往农户小规模经营缺少资金和技术服务，新品种往往不能得到很好的推广。通过土地流转实现规模经营后，金泰家庭农场每年都聘请农业技术人员到田间地头进行技术指导，实施测土配方和病虫害防治，进行科学种植和管理。通过1块试验田，对引进的新品种进行试验、示范，避免盲目推广带来损失。通过试验示范，先后引进京科糯1号、春糯等品种，不断提高黏玉米的品质。

四、延长优势特色产业链条，拓宽农民增收致富渠道

随着黏玉米种植面积的扩大，产生了大量玉米秸秆。为了解决秸秆浪费问题，同时延长黏玉米种植产业链条，增加黏玉米种植的产品附加值，拓宽增收致富新渠道，金泰家庭农场投资30多万元建设了一个面积约1050平方米的牧业养殖小区，并建成1座300立方米的饲料青贮窖进行秸秆青贮，从而将玉米秸秆“变废为宝”。同时，其业务也拓展到养殖领域，通过养殖黄牛增加收入。

案例启示

近年来，从中央到地方，都积极鼓励新型农业经营主体通过土地流转发展规模经营，扩大生产。金泰家庭农场通过土地流转，使土地连片集中，方便实行机械化经营，既提高了土地的产出率、劳动生产率和规模效益，也促进了农业内部结构调整与优化升级，把农民从传统农业中解放出来，拓

宽了增收致富的渠道，大幅增加了农民的收入。该农场的农场主黄金太也成为远近闻名的种粮大户，为当地农业产业化发展做出了一定的贡献，获得省、市劳动模范和农民致富带头人称号，多次获得吉林省、吉林市和蛟河市政府的表彰。规模经营一直是农业现代化的必由之路，选择多大的经营面积，如何去经营，是广大家庭农场经营者不断探索的问题。目前来看，在玉米产业后面链接一个小型的畜牧场，饲养反刍动物是比较好的选择。

泰州市家庭农场服务联盟

——家庭农场的“家”

案例介绍

近年来，泰州市以获批国家现代农业示范区为契机，以大力培育和发展家庭农场为重点，加快农村经营体制改革步伐，切实转变农业生产方式，使集约化、组织化、专业化、社会化的新型农业经营体系逐步形成。泰州市家庭农场性质的经营主体超过6000家，经营面积超过158万亩；经农业农经部门认定管理的家庭农场超过4000家，经营面积超过87万亩。为更好地发挥家庭农场引领现代农业发展的作用，促进其健康、规范、可持续发展，泰州市整合各种资源，成立了全国首家地市级以服务家庭农场为主的专业社会团体——泰州市家庭农场服务联盟，吸纳家庭农场主个人会员近千名，涉农部门、金融机构、农资企业等单位会员14家。泰州市家庭农场服务联盟自成立以来，主动服务家庭农场，取得了较好的成效。

一、以健全服务体系为目标，切实提高各类资源为农服务效率

该联盟积极整合农经、财政、国土、供销、粮食、农委等为农服务公共资源和各种社会资源，吸纳技术、信息、加工、销

售、仓储等300多名人才并组成服务团队，成立农业科技、政策咨询、市场信息、品牌建设、金融保险、农场管理、综合协调等7个服务小组，在各市（区）建立分部，参照市级联盟模式组建服务团队，实行市、区、乡镇三级联动机制，为家庭农场提供产前、产中、产后服务。该联盟成员专业化统防统治和联防联控覆盖率达93%，水稻集中育供秧面积达87%，“植保+农机”综合服务覆盖率达98.2%，农资零差价供应率达68.6%。泰州市姜堰区桥头镇积极探索家庭农场服务联盟模式，通过搭建为农服务综合体这一平台，组建为农综合服务、农机、植保、粮油产销4个合作社，设立农资统一配供、新型职业农民培训、智慧农业应用示范、金融支农保险保障4个服务点，为加盟的家庭农场提供全方位、多层次的综合服务，促进了绿色节本、增产增收。其综合体建筑面积近2000平方米，拥有2048平方米育秧大棚、粮食烘干机9台、乘坐式插秧机11台、大中型拖拉机9台、联合收割机8台、育秧播种机3台、新型植保机械12台、培训教室120平方米，为周边31个家庭农场的5800多亩农田提供服务。

二、以创新机制体制为重点，切实解决家庭农场融资生产难题

该联盟与农资企业及中国农业银行泰州市分行等机构合作，创建“企业担保、农行放贷、专款专用”的家庭农场生产经营贷款机制，为家庭农场主提供担保贴息贷款180余万元，着力破解家庭农场融资难题。联合植保、农资等服务机构、单位成立植保、农资服务“一体化”直供新模式，创新服务方式，为家庭农场主开展精准植保服务，降低成本，提高效益。家庭农场主、种粮大户、农机合作社积极成立“自主自愿、合作紧密、利益共享、风险共担”的农机、植保、烘干仓储等服务联合体12家，

实现了地区为农服务资源的高效联合和利用。

三、以开展技能培训为抓手，切实发挥示范典型引领带动作用

该联盟先后邀请扬州大学、江苏省农业科学院的专家举办了2期以先进适用的农业技术为主要内容的泰州市家庭农场主培训讲座，让家庭农场主开阔了眼界、更新了经营观念、提升了从业技能。该联盟还根据家庭农场的需求，结合农业生产关键时节，进村入户、到田间地头开展水稻育供秧、稻秸秆机械化全量还田、小麦高产栽培等技术培训和现场指导，积极提高农技服务精准水平；大力培育示范家庭农场，发挥示范家庭农场的典型引领带动作用，创建省青年农民创业示范基地7个、省级示范家庭农场65家、市级示范农场200多家，真正做到了做给农民看、带着农民干。

四、以建设信息平台为手段，切实丰富家庭农场管理服务内涵

该联盟创新打造了“泰州智慧农业”信息管理服务系统，搭建了由农技专家、家庭农场主、农资企业、农产品加工收购企业、政府相关部门组成的集交流、帮扶、监管等功能于一体的服务平台。借助农业12316服务平台、联盟服务QQ群、微信群等媒介，及时向家庭农场主发布政策、技术、市场等信息，让家庭农场主能随时随地掌握政策、了解市场、接受服务。目前，家庭农场信息服务平台已成为“三农”政策、信息展播和为农服务的微窗口，加入信息服务平台的家庭农场超过3200家，泰州市家庭农场农业信息化覆盖率达到80%。

案例启示

经过多年的宣传和酝酿，家庭农场被越来越多的农业经营者所认可和喜爱，江苏省泰州市的家庭农场就如雨后春笋般蓬勃发展。如何做好这些农场的后续管理工作，如何让这些农场团结起来共创市场，泰州市做了农场服务联盟这一尝试，希望通过搭建平台，整合各方面资源，为家庭农场打造一个属于自己的“家”。该联盟成立后，通过有效的运转，使很多规模微小、实力较弱的农场接触到更新的技术、更大的空间，不仅拓宽了眼界，而且赢得了更多的机遇；对于一些实力强劲的农场，也能获取更多的资源信息，从互相交流中取长补短。至于联盟与农资企业及中国农业银行泰州市分行等机构合作，创建“企业担保、农行放贷、专款专用”的家庭农场生产经营贷款机制，更是深受各家庭农场推崇。

胜芳葡萄种植家庭农场

——高投资换来高收益

案例介绍

胜芳葡萄种植家庭农场地处江苏省徐州市铜山区棠张镇沙庄村，由沙庄村村民史光胜及其家庭成员于2013年6月创办。该农场共从农户流转土地300亩，土地流转价格为每亩每年1000元，以后每3年递增100元，以果品采摘、生态旅游、休闲人居为主题，兼顾观光和休闲文化功能。

一、突出规划引领，找准市场定位

胜芳葡萄种植家庭农场选择有资质的单位勘察项目区现有生态各方面指标，设计产业发展方向，编制可行性研究报告，规划实施方案，组织实施项目建设。该农场前期共投入资金900万元，建成生态展示、休闲度假、农家乐等功能区，主要种植红提、青提、藤稔、巨玫瑰、美人指、金手指、红富士等葡萄品种，品种多样，特色不一，全部进入盛果期时最高亩均产量达3吨，年总产量900吨，年销售收入900余万元，年利润可达600余万元，用时两年即收回全部投资成本。

二、创新经营模式，打造品牌特色

一是注重技术效应。葡萄栽培区用葡萄 Y 形架栽培模式，对传统栽培模式进行了改进，不仅有利于机械化管理，而且有利于生态观光和果品采摘，在不影响整体产量的同时，打造生态观光农业和休闲文化、旅游农业，提高了经济效益。

二是注重生态效应。该农场全部由人工进行除草，施有机肥料，并利用富硒肥改良土壤，分解土壤里重金属和化肥农药残留，利用活力碘、微生物菌平衡树体菌群，增强树体免疫力；为防止病虫害，在葡萄大棚里挂上防虫灯，周围围上防虫网；拒绝使用杀菌剂、杀虫剂、膨大剂、催熟剂等调节剂，让果实自然生长、自然成熟。因此，胜芳葡萄种植家庭农场的果品质量统一，色泽鲜艳，不裂果、不烂果、不脱粒，果味甜美，专业检测含糖量达 20%以上，鲜食味感甘甜爽口、不酸、不涩。

三是注重品牌效应。目前，胜芳葡萄种植家庭农场已获得国家实用新型专利，已注册通过“昌茂”牌生产商标，产品获得江苏省无公害农产品称号。每当果品成熟的季节，这里就会吸引远近的游客前来采摘、观光，品尝诱人的鲜果，欣赏美丽的景致，保持轻松的心态。

三、致富不忘初心，带动农民增收

在农场主史光胜带领下，胜芳葡萄种植家庭农场不仅让家庭成员走上了致富的道路，而且增加了本村其他村民的经济收入。该农场的用工全部来自本村，这对于不便外出打工的村民来说不失为一条好的务工途径，极大地调动了周围农民的积极性。

案例启示

高额的投入，高额的收益，胜芳葡萄种植家庭农场尽显藏富于民的豪气和锐意开拓的霸气。为了做好做精，该农场主要从以下三个方面着力。一是重视观光采摘和机械化作业结合。一个小小的栽培形状的改变，便兼顾了两者的关系。二是从源头上改善葡萄品质。葡萄不好种、用药多是公认的，但是该农场坚持人工除草，施用有机肥，采用菌类改善土壤成分，从源头上减少了化肥和农药的施用，效果显著。三是做好生态旅游这张金名片。利用优美自然风光及离城区较近的交通优势，结合采摘等休闲观光农业项目，丰富产业链条，确保了农场的稳定发展。

黄庄家庭农场

——充分发挥新型农业经营主体的优势

案例介绍

黄庄家庭农场的农场主马涛是南京市浦口区桥林街道林山村农民，1989 年高中毕业后，便扎根农村，致力于发展农业，从事粮食生产已有 30 多年。其于 2013 年 6 月成立黄庄家庭农场，以粮食作物种植为主，种植面积达 1000 亩，另有果园和池塘，不断探索种养结合模式。目前，该农场拥有各类机械 20 台（套）、库房 500 多平方米，固定资产约 200 万元，亩均效益 730 元，比一般农户高 10%，年收入稳定在 70 万元以上。

一、实现规模经营，发展粮食生产

该农场成立初期，只有 10 多亩耕地，种植方法也较为传统，水稻、小麦产量都很低。为了农场的发展，马涛买来专业书刊学习相关知识，并骑着自行车到 50 多里外的区、街道农业部门请教农技人员，邀请农技人员到田间地头现场指导，在农场应用新品种、新技术。随着新品种、新技术的应用，粮食产量确实提高了，但马涛逐渐觉得 100 多亩地产粮水平有限，导致学到的知识和技术无法施展。随着国家关于农业、农村的惠农政策越来越多，对种粮的补贴越来越多，马涛种粮的积极性也越来越高，更加坚信科学种粮一定会有更大的收益。在街道、村的大力支持下，该农场承包的粮食生产面积扩大到1000多亩，全年水稻、小麦生产总量达1000多吨，所生产的粮食全部售出。

二、注重“三新”成果应用，积极开展高产创建

品尝到新品种、新技术的甜头后，马涛时常前往江苏省农业科学院、南京农业大学等高等院校及省、市、区农业部门进行咨询，及时掌握更多的信息。近几年，该农场推广应用的优新高产水稻品种有武运粳24号、武运粳30号、镇稻18号等，小麦品种有扬麦16、扬麦20、扬麦22等，优质专用良种覆盖率达100%。推广的新技术有水稻肥床旱育稀植高产栽培、水稻机插秧精确定量高产栽培、小麦精量半精量高产栽培、稻麦测土配方施肥、稻麦病虫草害综合防治等。通过新品种、新技术的推广运用，该农场的粮食产量逐年提高，水稻亩产量由原来的500公斤左右提高到670公斤以上，小麦亩产量由原来的250公斤左右提高到450公斤以上，粮食单产水平显著高于周边农户粮食单产平均水平；同时，水稻、小麦耕种收综合机械化水平达到100%。

三、领办种植专业合作社，示范带动周边农户

随着该农场的不断壮大，越来越多的周边农民来上门请教。针对这一情况，马涛牵头成立了南京马涛种植专业合作社，邀请周边50多家农户加入合作社，给合作社配置了插秧机、条播机、收割机等机械设备。在区、街道农业部门指导下，该农场推广运用水稻全程化服务和水稻病虫害的统防统治，不仅做好了自己的粮食生产，同时更好地为周边农户提供了机插秧、机条播、机开沟、秸秆机械化全量还田等方面的专业化服务，对当地的农业生

产起到了积极示范和引导作用，农场主马涛也获得了江苏省种粮售粮大户、江苏省青年农民创业之星等多项荣誉。

案例启示

借助家庭农场这一新型农业经营主体，农场主马涛实现了由普通的种粮大户到经营者身份的转变，更在后期将周边类似的家庭农场农场主、农户聚集起来，成立了农民专业合作社这一主体，聚沙成塔，有了一支相对专业化的队伍，可以为周边分散、小规模、兼业化农户提供粮食生产全程社会化服务。这既符合东部发达地区农户户均耕地面积少、收入以工资为主、责任田基本流转但口粮田流转意愿不强烈的实际，也解决了零散粮食经营农户家庭懂技术的人少、强劳力少、生产措施难落实、产量亩效益不高的弊病，使平均亩产增加 80 公斤，增收 220 元，实现了粮食增产和农民增收。

此外，黄庄家庭农场的经验也表明，家庭农场不仅是农业经营的最小主体单位，也是规模化、聚集化的基本单元。通过水稻生产全程化服务的开展，从建设一个千亩示范方到带动一个万亩示范片实现目标产量，从农场自身种植的 1000 亩和为农服务的 2000 亩水稻种植示范片，使平均亩产达到 700 公斤以上，达省级 B 级水平，表明一个好的经营主体对周边的带动和辐射作用是巨大的。家庭农场能解决农户市场经营的身份问题，给了农场主底气和力量，释放了创业动力，对实现粮食生产机械化、设施化有较大的推动作用，也充分提高了现有设备的利用率，提升了水稻种植的整体水平，为农村粮食稳定高产提供了可以借鉴的案例范本。

东山东湖家庭农场

——“互联网+家庭农场”发展模式的乘数效应

案例介绍

东山东湖家庭农场（以下简称东湖农场）位于苏州市吴中区东山镇渡口村现代渔业示范区，于2013年5月成立，注册资本200万元，经营土地100亩，其中种植和水产养殖面积各50亩，下设农业观光、水产养殖、绿色蔬菜种植、家禽养殖、农副产品展示等五大功能区，大力发展休闲农业。东湖农场坚持现代农业发展理念，熟练地将互联网技术运用于农场发展，取得了明显成效，先后获评省级示范家庭农场、苏州农业职业技术学院新型职业农民培育实训基地、区级新型经营组织规范管理先进单位，农场主徐斌荣获“江苏省十佳新型职业农民”称号。该农场经营收入超过400万元，净收入达100万元。

100亩地、100万元，这两个数字的背后是传承、绿色、互联、创新四大核心理念串联运用于农场经营的生动实践，也是东湖农场跃升式发展的最好注脚。

一、传承——东湖农场发展之本

在“50后”“60后”“70后”夫妻档经营家庭农场比较普遍的大背景下，东湖农场更具有传承发展的组合优势，其主要经营成员中，由具有现代思维理念的大学生徐斌担任农场主，全盘考虑农场发展；有丰富农业生产经验的父母作为后盾，在做好田间管理的同时，凭借丰富的阅历给年轻人当好参谋助手。这种“子承父业”式的最佳组合结构，正是东湖农场可持续发展的根本所在，也是将年轻人培育成为新型职业农民的有效途径。

二、绿色——东湖农场发展之根

在食品安全成为社会高度关注的问题的当下，东湖农场坚持传统生态种养，在作物栽培上全部采用自然成熟的应季蔬果，在作物管理上使用腐熟有机肥，在植保防护上采取防虫网隔离，这些生产环节绿色技术的运用，为农产品安全提供了可靠保障。目前，该农场有 50 余种时令绿色蔬果及家禽、水产品供应，成为消费者放心食用的绿色食品供应基地，同时注册了门头商标“时光漫步”和农产品商标“御洞庭”，加快了绿色品牌化发展步伐。

三、互联——东湖农场发展之桥

东湖农场的成功不仅仅是绿色生产，更重要的是把好的产品卖出去、卖出好价钱。该农场成立初期，农场主徐斌就聘请专业人员建设了官方网站，还通过短信、微信、其他手机 APP 等自媒体网络渠道推介产品、提供服务，有效对接市场，吸引更多的客户观光与采购；建立城市高端客户会员制，通过互联网平台，建立了稳定的优质消费群，扩大了农场的知名度和美誉度，互联网的常态运用使东湖农场始终在人们关注的视线里；开设城市社区店，开通产品生产追溯体验，将“O2O”从“基地”体验延伸到“社区店”体验，让更多的市民最便捷地享用到其产品。

四、创新——东湖农场发展之源

在一定的土地资源上，农产品的产量基本是定量的，如何让有限的土地产生更大的收益，要通过创新驱动来实现。东湖农场坚持市场导向，实施“三大创新”，促进了农产品的有效供给。其一，推出体验式农场——由农场提供土地、种植工具和有机肥料，市民租赁下私人菜地种植蔬菜，周一至周五农场可提供代管服务，周末认领家庭参与劳动体验。其二，实施私人订制配送——利用互联网平台实现“客户线上采购，农场当天配送”，保证果蔬从采摘到送货上门不超过 24 小时，确保产品新鲜。其三，主导“O2O 体验消费”——通过网上预订后，到农场体验特色采摘、农事活动、休闲垂钓、绿色餐饮，让顾客在体验中消费，同时由消费者自身通过微博、微信进行口碑传播，吸引更多的消费者，实现线下活动、线上传播良性互动。

东湖农场之所以能成为家庭经营发展的领跑者，正是基于人才、信息、创新、生态这些现代农业发展中最先进、最活跃的生产要素在农场发展中集聚而产生的乘数效应。

案例启示

东湖农场 100 亩地的净收入达 100 万元，亩均收入达 1 万元，就三个劳动力投入的家庭农场，人均收入达到 30 万以上，远远高于当地的城镇职工平均工资。但是在现实条件下，农业需要适度规模经营才能降低成本、获得边际收益，特别是粮食生产，亩均净收益不会超过 1000 元，要获得相同的收益，需要更大的生产规模。

东湖农场的实践表明，在整体规模不大的情况下，抓好主业，在把自己的产品打造成一流产品的同时，需要积极拓展销售渠道，让优质农产品卖出优价，实现产品本身利润最大化。线下销售有时不够稳定，还需要利用自身优势，衍生农产品的附加属性，延伸出可观的餐饮收入、配送收入，提高农场综合效益。

东湖农场既是一个个例，也是一个范本。在规模相对稳定的情况下，提升亩平均收益，让投身农业的经营者获得更多的利润，通过家庭农场培养出优秀的职业农民，才能使农业真正成为有奔头的产业。

正宏家庭农场

——以绿色理念根植农业

案例介绍

绿色健康、生态循环是江苏省扬中市八桥镇正宏家庭农场的标志。自2013年创办以来，农场主戴正根在吸取传统农业有效经验的基础上，在现代农业科技的支撑下，瞄准绿色生态，追求高产量、高质量、高效益，积极发展集经济效益、生态效益和社会效益于一体的现代化农业。目前，正宏家庭农场拥有耕地138亩、河塘40亩、猪舍300平方米，年销售收入超过90万元。

一、新品种+新技术，量高质优香味浓

戴正根种田种了很多年，积累了一些经验，但一直坚持与时俱进，因为种植绿色健康的粮食让他尝到了“甜头”。在各级农业部门支持下，正宏家庭农场先后引进了优质高产的南粳系列新品种，采用测土配方、精确定量施肥、秸秆全量还田、病虫害综合防治等技术，提高了粮食种植水平，确保了粮食生产的产量和质量。该农场小麦单产420公斤、水稻单产740公斤，比一般农户种植的小麦、水稻产量分别高出100公斤和75公斤。“酒香不怕巷子深。”附近的企业和村民也是“闻香而来”，农场每年产出

的稻米都供不应求。

二、种粮+养猪+养鱼，生态循环肥力足

正宏家庭农场另一个成功秘诀在于实现了“种粮+养猪+养鱼”的生态循环模式。自产的小麦用来饲养母猪，猪粪发酵后用于还田，这样不仅减少了化肥施用量、降低了种植成本，而且增加了肥力，提高了粮食的品质，实现了生态循环。实践证明，如此的经营管理模式，既提高了粮食转化率和农业资源综合利用率，也增加了农场的收益。目前，其养殖的鱼供不应求，一旦上市就会被一抢而空，年渔业净收入稳定在 7 万元以上。此外，该农场共饲养 25 头母猪，年出栏仔猪 500 多头，基本可以保障年 16 万元以上的净收入。

三、农机+深加工，对外服务硕果丰

正宏家庭农场拥有 1 间 100 平方米的机库，投资 30 多万元；置办了 1 台大型拖拉机、1 台小型拖拉机、2 台插秧机、1 辆电动三轮车等设备。有了这些设备，该农场在耕种好自家农田的基础上，还能发挥自身农机和技术优势，为周边农户提供代耕、育秧和插秧等服务，服务面积近 1000 亩。这既解决了一些农户耕种和管理的困难，又增加了农场收入。与此同时，该农场也有其他盈利的举措，如既卖稻谷又卖大米，与部分镇、村企业签订稻米供货协议，将稻谷加工成大米提供给企业职工食堂，仅加工大米销售这一项，每亩就可增加收入近 200 元。

案例启示

该案例表明，从事现代农业，不仅要有务农热情，而且要有经营管理能力。由于家庭农场相较于小规模种养户和兼业农户规模较大，自然风险、市场风险和经营管理风险也相对集中，维护好常规的销售渠道、拓展新的卖点都是农场主需要深入考虑的。在该案例中，农场主做出了较好的尝试，通过提供社会化服务，为农场获取较为稳定的现金流；规模相对稳定，便于在自身擅长的领域精耕细作；既卖谷又卖米，为粮食生产增加了一点利润；“种粮+养猪+养鱼”生态循环模式，综合考虑了种植品种和养殖品种的比例，既结合了自身的优势，也在一定程度上弥补了单一粮食种植规模略小、沉没成本高的问题。可见，将家庭农场经营得稳定、效益好，不仅需要农场主付出劳动力成本，而且需要其学习经营管理的相关知识。

兴昌水稻种植家庭农场

——重视职业培训的女农场主

案例介绍

张单英，江西省鹰潭市余江区兴昌水稻种植家庭农场负责人，1974 年出生于杨溪乡江背村何家小组。她在福建石狮经商多年后，回到老家，流转了 270 多亩水田，从事水稻（双季稻）和藏红花种植，创建了余江区兴昌水稻种植家庭农场。目前，该农场水稻种植面积 318. 56 亩，均为双季稻。另外种植藏红花、夏天无等中药材 60 亩，全年总产值超过 100 万元，纯利润超过 45 万元。

一、重视技能培训

该农场以本家庭 6 个劳动力为主，其中拥有大学学历的 1 人，有高中文化水平的 3 人，常年雇工 2 人。农场主张单英十分重视参加技能培训，鼓励成员多次参加由市、县农业部门举办的水稻种植、家庭农场培训，自己也先后参加了农业农村部管理干部学院举办的新型职业农民培训、全国妇联新型职业女农民培训及华东地区农产品女经纪人培训，比较熟练地掌握了专业生产技能和现代管理理念。

二、服务能力出色

该农场地理位置优越，水、电、路等基础设施比较完善，购置了机耕、机收、机插等大中小型农机 5 台（套）、大中小型农药施药机械 10 台（套），还建设了一个 260 平方米的小型大米加工厂，购置安装了大米加工设备 6 台（套），每小时可加工大米 500 公斤。其农药机械、农机设备、大米加工厂设备除为本家庭农场服务，还为村里农户水稻生产提供服务，每年服务面积达 2000 余亩。

三、生产管理规范

为了提高产品质量，该农场按照无公害标准化生产，建立了一系列生产、管理制度，严格生产记录，严格投入品使用，遵守国家产业政策和禁止行为规定，生产经营活动诚信守法，无不良诚信记录，无农产品质量安全不良记录，并在无公害种植的基础上积极发展有机大米生产，目前有机大米种植面积为 100 亩。

案例启示

余江区兴昌水稻种植家庭农场令人印象深刻的是农场主张单英十分重视职业培训，只要涉及农业方面的培训，她都让成员积极参加。目前来看，效果良好：该农场管理规范，会计账簿清晰明了，会计科目准确，需要进行独立核算的项目也进行了独立核算；生产记录规范，仓库清楚；与农户签订了耕地流转合同；制订了年度生产计划和五年发展规划。

张单英从一开始就按照现代企业的要求来经营家庭农场，为农场的后续发展奠定了良好的基础，也为农场的转型升级铺平了道路。

明宇家庭农场

——延长链条创收入，培育品牌增动能

案例介绍

明宇家庭农场位于辽宁省抚顺市清原满族自治县草市镇大窝棚村，于2014年注册成立。其农场主霍秘财年过50，高中毕业，从事水稻种植多年。该农场采用雇用会计记账的方式，账目较为规范，收支清晰，在不计算自家劳动力成本的情况下，年种植水稻净收入近70万元，被评为辽宁省省级示范家庭农场。

一、规范流转，保障土地集中

明宇家庭农场共经营土地340亩，其中自有承包地10亩，流转土地330亩。为实现农场土地的相对集中和稳定，霍秘财下足了功夫：对于连片土地中“插花地”的所有者，有的采用多方说和，提高流转价格；有的采取聘用其到农场打工；有的则吸纳为其家庭农场的成员。多种方式并举，不仅使土地集中连片，保证了流转土地的稳定，也解除了农户的后顾之忧，实现了共赢。

二、农机作业，提升生产效率

集中连片的水田使先进农机设备的应用成为可能，目前，该农场能够做到耕、种、防、收全程机械化，大大提高了工作效率，降低了生产成本。在整地时，采用机械深耕早翻，使耕作层加厚，促进农作物根系生长，同时可以晾晒耕作层，提高地温，杀死地下的害虫。在育苗、插秧时，采用机械育苗和插秧，使秧苗远近相应，后期长势整齐，便于田间管理。在秋收时，使用联合机，收割、脱粒一次完成。使用农业机械耕种代替人工耕种，极大地提高了工作效率，在农忙时具有较大优势，大大降低了农场的雇工成本。

三、改良品种，促进品质优化

霍秘财深谙科学种田的重要性，只有选用良种良法，才能提升水稻品质、提高生产经营收益。该农场成立初期种植的水稻产量高，但加工出来的大米饱满度低、口感差、市场不认可。为优化种植品种，该农场坚持以市场需求为导向，引进需求量较大、口碑较好、适合当地种植的水稻新品种——稻花香 4 号，虽然产量有所下降，但其具有独特的香味和绵软的口感，深受客户青睐，之后又引进了新品种——稻花香早香进行试验性生产。

四、科学管理，提高水稻品质

该农场不断规范生产标准和管理制度，建立了完整的财务收支记录和农业投入品采购、使用记录，在生产经营过程中，不断探索适合家庭农场发展的科学种植方式和规范管理模式。在生产过程中，采用排、露、灌交叉结合的方式，促进水稻扎根，减少后期倒伏。在施肥方面，请农业部门专家对耕地逐块进行测土化验，按照专家开出的配方施肥，切实提高了化肥施用的准确性，减少了化肥施用量。在用药方面，听从专家的建议，科学合理施用农药，避免农药残留过量。

五、延伸产业，推动收入增长

明宇家庭农场通过延长农产品产业链，推动农业转型升级，实施生产、加工、销售一体化经营模式，有效延伸了农产品增收价值链，创造了更高的种植利润空间。该农场在成立之初就购买了稻米加工设备，整个机房占地2000平方米，通过将带壳的稻米进行初清、清杂、去石、清尘、脱壳、谷糙分离、碾米、色选、打包等一系列工序，以最小的破碎程度将胚乳与其他部分分离，制成品质较好的大米，使农产品供给质量有效提升。相对于小农户传统的生产方式，该农场实现了农业产业专业化、组织化、机械化生产，不仅提高了农业生产效率，而且提升了农产品的市场竞争力，增收效果较为显著。

六、培育品牌，实现价值提升

该农场申请注册了“民和丰”牌大米商标，采用标准化生产、真空处理、纸盒包装满足人们对高质量大米的需求，充分发挥了地域性特色农产品品牌的内在动力。其主要生产“稻花香”“超级香”两种大米，实现了每公斤增收4.2元和1.8元。此外，该农场及时跟进消费者不断变化的市场需求，深入挖掘特色农产品品牌价值，使得“民和丰”牌大米市场推广成效显著，远销抚顺、辽源、通化、长春、通辽和天津等城市，树立了良好的市场信誉，在当地具有较高的市场竞争力。

七、应用网络，拓展资源平台

霍秘财通过加入天下粮友交流群、大米粮食信息群等微信群来获取市场动态、技术指导和销售渠道信息，从而把握最新的市场信息动态，通过在微信群内互动，还能够解决一系列种植相关的技术问题，并且能够积累有效的市场营销渠道，建立持续有效的销售关系，让自家农产品供不应求。

八、增加投入，稳步扩大规模

明宇家庭农场共有拖拉机 2 台、收割机 1 台、插秧机 1 台、深松机 1 台、旋耕机 1 台，新建了 3 座育秧大棚，总占地面积 1600 平方米，不仅能够满足农场水稻育苗生产的需要，而且能为周边农户提供育苗服务。此外，该农场通过不断增加机械设备及建设用地投入，建立起一个有 2000 平方米的稻米加工厂房、1000 平方米的粮食晾晒场，以及整套稻米加工、包装设备的标准性的水稻、大米仓储库房的现代化家庭农场。

案例启示

当前，我国农业生产面临收益降低的困境。为此，应当延长农产品产业链，发挥具有特色的农产品品牌效应，从而实现农民增收、农业增效。明宇家庭农场通过集约化、规模化、专业化经营，发展适度规模经营，打造品牌，塑造产品价值，走出了一条集约化、专业化、规模化种粮的新道路。

该案例表明，以种粮为主的家庭农场要想经营效益好，应当具备以下两个要素。一是延长产业链条，创造更大的收入空间。乡村振兴重在产业兴旺，产业兴旺则需大力发展现代农业、实现产业转型升级，从而提高农业综合效益、助推农产品提质增效。明宇家庭农场通过完善产加销一体化发展全链条，将优质稻谷进行初加工，以最小的破碎程度将胚乳与其他部分分离，制成品质较好的大米，并进行真空处理、纸盒包装，有效提升了产品的内在附加值，创造了更大的利润空间。该案例表明，产加销一体化的经营模式是推进农业供给侧结构性改革的重要途径，是对人们在日益美好的物质生活环境下对粮食制品提出的新需求的满足。二是注重品牌培育，提升收益增长动能。品牌培育是打造特色农产品的重要途径，是家庭农场实现增收的助推剂，能够在农产品市场上形成有效竞争力，从而激发产品的内在价值。明宇家庭农场优选适合当地生产的“稻花香”新品种水稻，申请注册了“民和丰”品牌，在当地形成了良好的口碑。目前，其销售网络已经辐射到长春、通辽和天津等城市，树立了良好的市场信誉，其产品供不应求。明宇家庭农场通过树立品牌观念，凸显出特色农产品在市场竞争中的重要地位，这也是其趋于利润最大化的理性选择。

综上，政府应当积极倡导“延伸产业，培育品牌”的特色农产品发展道路，同时继续完善土地流转、农业社会化服务、家庭农场经营管理培训制度，落实好农业保险等方面的扶持政策，从而促进家庭农场蓬勃发展，为农业农村现代化注入持续动力。

静权家庭农场

——试水新型经营主体

案例介绍

静权家庭农场位于辽宁省昌图县宝力镇西苇子村二组。由陈静权于2013年成立，经营面积1000亩，拥有解放牌运输车1台、玉米收割机3台、秸秆还田机1台、旋耕机2台、四轮车4台及播种机、打药机等农机具20台（套）。

一、学习文件，尝试新型经营主体

通过学习中央有关文件精神，陈静权认识到一家一户的生产模式已无法紧跟时代的步伐，面积较小、地块分散、经营成本高，已经成为增加农业经营收入的瓶颈，也制约了现代农业发展。当前，国家制定出台了一系列惠农、强农政策，鼓励以土地为根基的新型农业经营主体发展。成立家庭农场，通过土地流转，将村组一些分散的土地集中起来，能充分发挥在资金、技术、管理等方面的优势及对市场的驾驭能力；通过统一购进种子、化肥、农药，能降低投入成本，从而使农村的人、财、物得到合理配置，促进经济效益的提高。因此，在2013年，陈静权成立了种养结合的家庭农场，尝试以新型农场主体闯市场。

二、土地流转，不断拓展经营面积

从成立初期的 90 亩到如今的 1000 亩，该农场的经营面积翻了好几倍。为了应对这一变化，陈静权积极参加当地农业技术推广站组织的实用技术培训，做到科学种田，并通过平时的不断积累增长知识，对种地有了更深的认识。通过考察、学习，他采用了 40~80 大垄双行玉米种植技术和免耕播种，使亩产达到 1000 公斤，比传统耕种方式亩增产 100 公斤以上。

三、拓展渠道，提供社会化服务

由于技术新、设备齐、提供机械化服务，该农场赢得了周边农户的认可，示范土地托管面积达 150 余亩，帮助 10 户农户解决了种地难的问题，代耕代种 1500 余亩，稳定了农场收益。此外，其借助土地深松惠农政策，推行 4000 余亩土地深耕项目，打响了口碑。

四、秸秆喂猪，开展多元化经营

陈静权为了更好地利用粮食生产的副产品，在县里的农村大专班学习养殖技术，将玉米秸秆熟化后养猪，仔猪存栏 240 头，年出栏 160 头，获得了较好的经济效益。

案例启示

粮食种植类家庭农场要想做得好，在种好粮的同时，要结合自身条件创造更多盈利点，以保证实现稳定发展和持续盈利。静权家庭农场从提供社会化服务和种养结合两方面下功夫，通过提供涵盖粮食种植前中后期的社会化服务，为农场赚得较为稳定的服务性收益，以熟化秸秆为饲料发展畜牧养殖，将畜禽的排泄物作为有机肥还田，减少了无机肥的施用，也在一定程度上改善了土壤的结构，防止因长期施用化肥农药造成土壤板结、肥力退化等问题。此外，该农场的区域性服务作用也比较显著。

雨润种植家庭农场

——一位种田女强人的传奇经历

案例介绍

雨润种植家庭农场的农场主胡梅花，是山西省忻州市定襄县神山乡卫村人，1960 年出生，初中文化，2005 年通过培训获得农业技术师资格。该农场有成员 6 人（其中 2 人为长期雇工），经营土地 875.2 亩（其中 5.96 亩为家庭承包土地），每年的粮食产量稳定在 50 万公斤以上，收入稳定在 80 万元以上。

在成立家庭农场前，胡梅花一直从事农业，有着一段传奇的经历。1997 年，她不顾全家人反对，借钱承包了村里的 30 亩机动地种植棉花。在当地有这样一种说法："一个能干女人顶多能作务两亩棉花。"胡梅花顶着压力，起早贪黑，辛勤耕作，棉花长势喜人。然而，在棉株开花结桃、丰收在望之际，一夜之间绿生生的棉桃、含苞待放的花铃呼啦啦落了一地，可怕的棉铃虫疯狂地吞噬着她的辛劳成果。见此情景，胡梅花迅速雇人喷农药防治，结果还是没有保住伏前桃，大幅减产已成定局。按照常理，立秋过后棉花坐桃期已过，挽回损失是一种妄想，而生性倔强、从来不服输的她在棉麻公司技术人员指导下，大胆实施了一个其他人看来根本不可能的方案——培养秋桃。苦心人天不负，经过她的精心培育，30 亩棉花竟奇迹般地收获了 4000 多公斤籽棉，纯收入 7000 余元，在当时创造了最好的效益，村里人、家里人对她也刮目相看。通过这件事，她感觉到科学技术的重要性，从此对科技产生了浓厚的兴趣，也坚定了创业发展、投身农业的信心。从 1999 年起，她不断扩大承包土地的面积，逐步延伸土地承包范围，拓宽承包渠道，从村集体延伸到农户，从本村发展到邻村：2000 年承包土地面积 80 亩，2001 年承包土地 300 亩，2004 年承包土地 500 亩，2009 年承包土地达到 1450 亩。2009 年，该农场种植面积虽然很大，但比较效益却很低。虽然种植了 1000 多亩棉花，但年底结算时利润很低。怎样才能走出面积大却不盈利的怪圈呢？秋后，她进行了认真思考，并与农业专家进行了多次交流探讨，终于感悟到：种田要找准项目，不靠科技注定失败，不在机械化上作文章则效益永远不会提高。

意识到这一点后，胡梅花经过认真分析，做出了一个大胆的决定：改种粮食。其实，那时的棉花比较收益还是高于粮食的，但她认为，改种粮食可以使她能更专注于科学种植，以更高的产量获得更好的收益。从此，她家流转的土地成为县农业技术推广中心的试验田、县农业委员会粮食高产创建项目的千亩展示田，从 2009 年起，一直与山西省农业科学院玉米研究所联合，建设了省级农业科技推广行动示范基地。雨润种植家庭农场成立后，胡梅花的种粮之路越走越宽。

一、新品种年年更新

近年来，她在承包的土地上先后开展了 100 个玉米新品种、50 个糯玉米新品种、5 个油葵新品种、3 个谷子新品种生产性示范，玉米“3414”肥效试验和校正试验，以及西瓜制种套棉花、西红柿制种复播秋菜、蓖麻制种套小葱、南瓜制种套玉米等立体种植模式示范。由于该农场每年种植10~20亩玉米新品种，示范品种有30个以上，其地点固定、交通便利，方便周边农民在不同生长期随时观察每个品种的生长情况，从长势、抗病、抗倒伏、出籽率等观察预测产量潜力和可推广性，因此周边农户种植的玉米品种几乎年年更新。

二、农业生产全程机械化

粮食种植的比较效益很低，唯有机械化才能将经营成本降下来。于是胡梅花购买和更换玉米联合收割机3台、小四轮2台，配套农机具15台（件），现拥有大中小型农机具23台（件），实现了玉米种植从机耕、机耙、机播、机整地、机喷除草剂、机施（撒）肥、机中耕、机收全程机械化作业。在全配套作业机具的基础上，每年更新一次播种机，从盘式、气吸式到勺轮式，从人工换盘换链条定株距到一档定株距，操作更加简便，效率进一步提高，株距更加准确。

三、标准行种植逐年普及

玉米标准行种植的行距为60厘米，传统种植行距为50厘米，改变和推广这一种植模式难度很大，胡梅花通过3年的详细比较，总结出标准行种植的三大优势（茎秆粗壮不倒伏，机械收获不丢穗，穗大粒重能增产），并通俗地告诉农民标准行种植的好处，同时在自家的承包地中全部采用这种模式。经过2年的示范种植，卫村的1500亩示范方标准行种植技术覆盖率达到100%。

四、肥料配方逐步趋于合理

通过多年的总结，该农场根据农业部门提供的测土配方单适当调整，使肥料搭配比例更合理、施用更简便、利用率更高。从单质的尿素+过磷酸钙到硝酸磷肥+硫酸钾+尿素，再到三元复合肥、缓释肥，从面上撒施到种肥同播，肥料配比越来越科学，科技含量越来越高，达到了节本增效的目的。据测算，其亩节约肥料成本 15 元，亩增收玉米 20 公斤，亩节本增效 58 元。

五、创新社会化服务模式

胡梅花在提高自己家庭农场生产经营效益的同时，充分发挥自家农机具和科技优势，为周边农户开展“套餐式”农机作业服务，可享受购买种子、旋耕地、播种、化学除草、机收作业服务。这既方便了农民，又避免了农机具的闲置，最大限度地发挥了农机具的价值。目前，该农场社会化服务面积超过 3000 亩，大大提高了当地农业生产效率，带动了农民共同致富。

案例启示

雨润种植家庭农场成立前，农场主胡梅花就在农业生产领域摸爬滚打多年，有很多的积累和沉淀。其在控制规模方面的做法令人印象深刻，她认为以一个家庭的能力，经营面积不宜过大，即使在自己熟悉的领域，过大的规模意味着风险急剧扩大。这不仅仅是生产成本的增加，也使得产品品质无法管控，边际收益会剧烈下滑。该案例能给我们启发。一是要重视最新农业技术的应用。其与县农业技术推广中心合作种植150亩糯玉米套辣椒，当年就实现了钱粮双丰收，目前在全县推广应用1万亩以上，推广率达95%。卫村农民总说："梅花家种啥（品种）咱种啥，梅花家怎种咱怎种。"二是要重视产学研相结合。该农场与县农业综合开发办联合，建成了农业综合开发科技推广项目示范基地，并创建了玉米高产示范园。山西省农业科学研究院玉米研究所也长期与其合作，将之作为试验田。每年到她家示范田参观的农民超过1000人次。三是要不断尝试调整栽培技术。认识到科技能够"四两拨千斤"，胡梅花在农业技术部门人员的精心指导下，在种子、农资、农机、试验等方面加大投入，全面创新，向科技要效益，积极引进新品种、新模式，采用平衡施肥、地膜覆盖、立体种植、化学除草、改良土壤等多种技术，提高了单产，增加了收入。

胡梅花脚踏实地，一步一步取得了可喜的成果，也多次获得全国粮食生产大户、全国种粮售粮大户的称号。正是在她和她的家庭农场的带动下，周边农民采用了新品种、新肥料、新农药、新农机，这为该县农业科技的更新与应用起到了较好的推动作用。

祥春家庭农场

——多元化经营的家庭农场

案例介绍

祥春家庭农场位于陕西省延安市黄龙县崾崄乡核桃和中蜂种养大乡马蹄掌村，成立于2015年4月，现有家庭成员5人，其中专业从事农场经营的4人、季节性雇工10人，拥有大型农机具1套。该农场累计流转土地790亩，其中优质核桃350亩（210亩丰产园、140亩新建园），年可生产核桃3万公斤，收入70余万元；玉米300亩，产粮20万公斤，收入30余万元；刺槐林140亩，中蜂110箱，年产蜂蜜2000公斤，收入20余万元。除去成本，该农场年获利80余万元，被评为省级示范家庭农场。

一、依靠政策，组建农场

2013年，为响应中央一号文件发展家庭农场的号召，祥春家庭农场应运而生。该农场组建以后，在原来单一产业结构的基础上，进行供给侧结构性改革，划定了粮食种植区、核桃种植区、用材林种植区、中蜂养殖区、散养鸡养殖区、观光农业区等6个功能区，并新建了办公室、宿舍等功能房。同时，制定了农场章程和规章制度，配置了办公桌椅。经过多年的辛勤努力，祥春家庭农场已经成为当地具有代表性的种养综合型家庭农场。

二、注重人才培养，重视技能培训

立足家庭农场发展，统筹人才培育。该农场输送家庭农场成员马昊到外事学院电子商务专业学习，联系杨凌职业学院动物工程学院分院并输送李朝阳到畜牧兽医专业学习，为农场升级发展奠定人才基础。同时和县农经站、植保站、核桃局等有关部门的技术专家结成对子，定期或不定期地请技术人员对农场和附近村民开展现场技术培训和讲座，组织家庭成员和周边农民到先进的农场和种养殖户参观学习，以不断提高农场和种养殖户的管理经营水平。目前，该农场已形成一支以县专家为依托、“田秀才”为骨干的技术队伍，为农场的健康持续发展提供了源源不断的技术支撑。

三、相信科学，发展良种

祥春家庭农场长期聘用县林业局高级林业工程师王得珠为技术指导员，引进并改良核桃园品种，高接换头，从品种质量上下功夫，不喷农药，不施化肥，改用有机肥和农家肥，增强树势，提高产量和质量，同时引导并指导周边群众科学种养，增加效益。其核桃产品销售至榆林、宁夏等地，因品质上乘、口味纯正、绿色环保，深受消费者欢迎。

四、农场加农户，注重辐射带动

虽然该农场的农场主不是本乡人，但他对附近村民始终是热心肠，免费向核桃种植户提供优质嫁穗，聘请蜂站专家进行业务指导，并建立养殖户信息联系网络，随时沟通各类信息。对于前来参观学习的农民，他总是耐心讲解，把一些好的品种、先进的技术传授给他们，直到他们学会为止，得到了附近农民的尊重。通过该农场的示范带动，有多户农民对低产核桃园进行高接改良，周边 3 个村庄现存蜂 500 余箱，所产蜂蜜可自销或由农场以保护价收购，给村民带来经济收入 60 多万元。

案例启示

祥春家庭农场经过多年的发展，已经成为省、市、县三级示范性家庭农场，不仅自己获得了不菲的收益，也以订单的形式委托部分农户开展种养殖生产，为家庭农场提供生产资料，使这些农户直接增收 50 万元以上。此外，示范带动周边 30 余户农户增收 100 万元以上。目前，该农场已形成“核桃种植—粮食生产—用材林培育—中蜂养殖”的综合型家庭农场种养模式，因为自然灾害风险和市场风险相对较低，也被当地大力推广。作为经济效益、社会效益和生态效益相对显著的案例，笔者认为，该农场之所以能走好健康持续发展之路，关键在于将自身的优势发挥出来，另辟蹊径弥补自身的不足，达到经营的平衡。

鑫绿林生态养殖家庭农场

——重规划，有前瞻

案例介绍

鑫绿林生态养殖家庭农场创建于 2014 年 11 月，位于陕西省安康市旬阳市铜钱关镇天宝寨村六组，法定代表人为屈政策，目前经营土地 390 亩，家庭经营人员 4 人，雇工 1 人，其中高级畜牧师 1 人。该农场围绕畜禽养殖、繁育，农副产品购销和休闲观光投资 290 万元，着力发展绿色、有机、富硒、原生态农产品，逐步做优做强林下种养加工产业，全力打造优质家庭农场，被认定为省级示范家庭农场。

一、瞄准项目，做好规划

该农场的农场主屈政策看准现代居民重视食品安全的契机，将自己的积蓄全部拿出来，发展林下养殖。他请专业的机构作出规划，以林下养殖为主，积极发展休闲观光。目前该农场已经发展成为当地有名的林下养殖、农副产品购销、休闲观光“三位一体”的家庭农场。

二、质量立场，绿色兴场

为了使产品与众不同、质量过硬，该农场在发展之初就确定了生态养殖的发展方向。但是万事开头难，在该农场起步的时候，屈政策妻子看其他人用饲料喂长得快，自己的小鸡吃草、粮食总是长不大，就偷偷地买来饲料喂，加之防疫不到位，第一批鸡就死了一多半。纵使这样，其养殖出来的鸡所产鸡蛋依然卖不上价，且大量积压了，给农场发展带来很大压力。解决不了技术、管理和防疫上的不足，家庭农场就很难发展。痛定思痛，他将所有鸡和鸡蛋全部送人，下决心雇了一个高级畜牧师管理农场并预防疾病，全程采用原生态养殖方法。他走出去搞宣传、搞推介，大力邀请媒体现场报道、企业前来考察。通过采用农超对接、企业协议、定点销售等方法，使鑫绿林家庭农场的产品供不应求，鸡蛋需要提前预约，获得了良好的经济效益。

三、加强学习，提升技能

从事家庭养殖，要加强对科技知识的学习。虽然采用原生态方法喂养，但也要有科学的防疫知识，还要有销售技能等。为了丰富自身的知识，屈政策积极购买家畜、家禽养殖技术等方面的书刊，还积极报名参加职业农民培训，已获得中级职业农民证书。现在，该农场的网络销售非常火爆，正在试水网店销售。

四、引领示范，回馈社会

虽然这几年该农场事业蒸蒸日上，在养殖和销售方面取得明显成效，但是由于其全部采用原生态的养殖方法，饲养原料比较紧张，便积极和周边农户签订协议，收购种植玉米、牧草等，带动周边农户50余户，每户纯收入超过1万元。另外，鑫绿林生态养殖家庭农场每年还拿出5000只鸡苗帮助10户村民致富。

案例启示

鑫绿林生态养殖家庭农场成立后，既经历过高速发展阶段，也经历过波折。目前，该农场有循环放养区150亩，大型孵化室900平方米左右，年孵化能力5万羽；有硬化养殖基地观景道路5.8公里、绿化带6公里、鸡舍2500平方米、山鸡圈舍350平方米、鸭舍150平方米、饮水池20套、监控16套、消毒器电源15套、更衣消毒紫外线间85平方米，规模不小。在稳定农场饲料方面，该农场免费提供籽种、鸡粪、羊粪、地膜、技术、培训等，收购谷物作为饲料，带动铜钱关镇周边农民种植有机玉米、大豆、小麦800亩。从经营方向看，该农场利用老产品优势占领市场，积极谋求新产品上线，开始养殖陕南白耳山羊保种，放养300头以上。通过新建厂房1500平方米，新建消毒室、青贮室、操作室、库管办公室共计180平方米，以及沼气池2座，进一步扩大了农场规模。目前，鑫绿林生态养殖家庭农场正朝着真正成为当地带动区域经济发展的家庭农场的道路迈进。

玉古腊家庭农场

——以经营企业的眼光经营家庭农场

案例介绍

云南省大理白族自治州南涧彝族自治县（以下简称南涧县）是哀牢文化的重要发祥地，山区面积达 99.3%，是典型的山区县，有较为丰富的动植物资源，农业在全县具有举足轻重的作用。南涧县宝华镇虎街的玉古腊家庭农场坚持以“政策引导、市场驱动、能人带动、科技合作”为原则，依托农民专业合作社，采用个人联合租赁土地等形式，积极探索土地流转、集约化规模化经营，多年来立足南涧县山区优势资源，实行种养结合的模式，不断提高农业生态系统的自我调节能力，最终实现经济效益、生态效益、社会效益的高度统一，逐步走出一条高原特色生态农业产业的路子，为农业增收、农民致富谱写了新篇章。

一、迎难而上，脚踏实地搞创业

玉古腊家庭农场的农场主张勇总是一张笑脸，天生就是乐观派，从不停止奋斗的脚步，给人的印象就是踏实能干。他说：“现在的农民都不愿意种田了，农业项目成本高、运行困难、利润薄，但是我要亲自来做，看看到底有多难。”他说做就做，以

60 万元资金流转了虎街的玉古腊茶厂，开始了他的农业寻梦之旅。该农场经营中困难重重，起初家人也不支持他，但他天生就有一股子强劲，看准的事情就一定要认认真真地去做，并且一定要做好。

二、合理规划，基础建设有成效

玉古腊家庭农场占地 1500 亩，原先种植着 500 亩的茶园，园内有本地梨树 200 多株、简易厂房 100 平方米。张勇从解决水、电、路、能源等问题着手，开始农场建设，架设玉古腊村至其农场的高压线路 1.3 公里，平压线路一档；投资 20 万元建设引水管网及高效节水灌溉设施；投资 10 万元建成 60 立方米的沼气处理（粪污处理）池 1 个，处理所有养殖污染；建成并使用生产产房 1200 平方米，建成标准化畜圈 500 平方米，配套揉捻机 2 台、杀青机 1 台、抖筛机 1 台、烘干机 1 台、粉碎机 1 台、拌料机 1 台、饲料制作机 1 台、生产农用车 2 辆，基础设施的建设使该农场的生产生活条件有了极大的改善，为其下一步发展奠定了良好的基础。

三、积极探索，循环种养重生态

玉古腊家庭农场在生产经营时，根据自身条件，选择适宜种植的中药材三七、重楼、灯盏花、杜仲，并兼顾养殖肉牛和乌骨鸡，形成了种养结合、以长补短的格局。在生产管理中所投入的时间比一般种养更长，促进了农业生产朝精细的专业生产方向发展。同时，改造古树茶和园区内的梨树，使当年茶叶价格高出原来的几十倍，且茶叶供不应求。玉古腊家庭农场种养结合、生态循环的种养模式对标准化生产的推进、品牌的培育起到了促进作用，大大提高了产品的市场竞争力。这对于优化植被资源布局，建立绿色生产环境，建成综合利用土地资源的产业化生产基地，合理调配劳力资源组建多元化的农民劳务队伍起到了较好的指导作用。

四、敢于担当，创业之中扶危贫

同村的村民张振伸因为在一次车祸中导致其他村民受伤而欠下许多外债，家中两个儿女还要读书，生活十分拮据。张勇本着人道主义精神，首先聘请张振伸夫妇到家庭农场帮工，每年拿出4万多元的款项，让张振伸一家得以正常开支，还额外拿出一部分土地让张振伸家种植灯盏花和烤烟。有了张勇的帮助，张振伸一家重新建立起生活的信心和勇气，成了玉古腊家庭农场的骨干力量。

案例启示

玉古腊家庭农场投资大、面积广，其农场主在经营农场前是成功的商人，因此也在以经营企业的眼光来经营家庭农场。他注重基础设施建设和产品品质，并不盲目扩张，而是按照自己的意图布局流转土地。目前，该农场借助乡村旅游的兴起，依托樱花谷、虎街茶马古道、无量药谷生态旅游，再配以农场车厘子、小红梨的采摘，以及药膳乌骨鸡烹饪等农家菜肴，走出了一条现代农场经营的金光大道。

江边家庭农场

——规模化种植，机械化作业，社会化服务

案例介绍

江边家庭农场成立于2013年5月，家庭从业人员3人，经营面积162亩，主要从事水稻种植。其经营地块位于福建省漳州市云霄县东厦镇洲渡村，道路相通，沟渠相连，耕作条件较好。

一、发展规模化种植——提效

该农场的生产种植经营模式为“早稻—再生稻或晚稻—蔬菜”。近年来，该农场注重规模经营效益，除了经营自有土地，还充分利用季节性农闲，积极争取农业订单，短期流转土地，努力增加农场的经营效益。例如，浩丰（福建）食品有限公司（以下简称浩丰公司）是一家从事秋冬季生菜种植，专供出口和国内麦当劳、肯德基店用菜的公司，而生菜是喜冷凉作物，4月以后在本地不能正常生长，浩丰公司只能休耕。该农场与浩丰公司建立长期的合作关系，从浩丰公司转租部分土地经营种植，周而复始，通过季节性短期流转的土地除了主要种植水稻，还种植玉米、毛豆、西葫芦等作物。经过科学合理的轮作，该农场获得20余万元的收益，浩丰公司也获得了相应的租赁费用，同时改良了

土壤、改善了连作障碍、实现了双赢。

二、实行机械化作业——增效

随着经营规模的不断扩大，以及人工成本的不断提高，实现机械化作业成为该农场经营的迫切需要。为此，该农场加大投入力度，购置农业机械，提升农机装备效率。目前，该农场拥有轮式拖拉机 2 台（总马力 135 匹），手扶拖拉机 2 台（总马力 44 匹）；插秧机 4 台，其中的 2 台乘座式高速插秧机是在机插育秧工厂建成后为配套服务而购买的；机动打药机 2 台，机动弥雾机 4 台，电动喷雾机 4 架；等等。

三、开展社会化服务——扩效

除了自己种植生产，该农场还对外开展机耕、机播、机插和水稻病虫害防治服务，服务方式有全程承包和单项计费。以机耕为例，全程承包即用农用轮式拖拉机旋耕两遍，再用手扶拖拉机开沟起垄，或是打浆机埋茬拉平，直到可以种植作物。在福建超大集团有限公司云霄基地种植水稻的地块和云霄县水稻原种场实验基地，从播种育秧到耕地插秧，除了由公司基地提供种子，该农场承包了所有操作。双方按照实际操作的难易程度，用协议形式确定价格、质量及其他事项，服务效果良好。

在水稻统防统治全程承包进程中，从确定每亩防治服务费价格到防治质量的评估，都较容易发生争执，由于病虫害发生情况是动态变化的，因此原定的防治次数及用药量都有可能发生变化。因为服务对象的求全责备往往是争执的主要原因，所以在防治承包过程中多采用以打药次数定服务费的方法，农药由农户提供，农场只给建议用药种类，用药由农户选择。每打一次药，每亩服务费 5~8 元，具体费用视地块情况由双方协商决定。这种方式双方都较容易接受。病虫害防治有时效性要求，一旦发生病虫害，要及时处理，不能拖延。但如果药械设备效率低、数量不足，农户的服务需求就很难满足，所以在防治季节到来之前，该农场会对有意向要求农场服务的种粮大户义务培训，传授打药技术和防护经验，讲解药械的维护修理等常识。当其服务能力无法满足所有农户时，就向农户提供用药建议，让农户组织自救，及时防治病虫害。

案例启示

江边家庭农场通过规模化种植、机械化作业和社会化服务为农场发展带来了实实在在的效益，并且越做越精。为了拓展社会化服务能力，该农场承担了福建省粮食产能区水稻工厂化育秧示范点建设项目，建设 600 平方米育秧温室和 4000 平方米炼苗设施，投入运行后，可承接 1000 多亩大田育秧订单。这些订单既有公司的，还有种粮大户的，也有个体农户的，从几百亩到几分地都有。在实际操作过程中，针对机插秧与手插秧对秧苗密度的不同要求，该农场调整每盘秧苗用种量，培育出适销对路的优质秧苗，受到农户的欢迎。此外，该农场在应对灾害天气方面也发挥了重要作用。遇到早春多雨阴冷的年份，烂秧情况严重，上门购买秧苗的农户更是络绎不绝。该农场根据农户需要，及时调剂，抓紧抢播，尽量满足购秧农户的需求，赢得了经济效益和社会效益的双丰收。

勤勤家庭农场

——运用沼液效益好

案例介绍

福建省南平市松溪县勤勤家庭农场成立于2014年8月，法定代表人为严昌霖，由家庭成员经营，共有劳动力5人，其中家庭成员3人、常年雇工2人，收入超50万元，有比较完整的财务收支记录。该农场与农户签订林地承包合同210亩（承包期30年），种植“由良”等早熟蜜橘120亩，花榈木、楠木、红豆杉、香樟等绿化苗木90亩。其场内基础设施完善，修建了3.5米宽耕作道2.3公里、15千瓦抽水泵站1座、200立方米蓄水池1座。

一、加大基础设施建设

该农场成立以来，在基础设施建设方面投入了大量资金，修建了通往基地的2.3公里山路；为解决水源和发电等问题，从距离3.3公里的水源地开始，埋设了大管径水管，将水源引入种植区；与松溪强大农牧发展有限公司签订有机肥长期购销合同，使用松溪强大农牧发展有限公司养猪场的沼液、沼渣浇灌果树和绿化苗木，不仅提高了山地土壤的质量，而且减少了化肥、农药的使用量，减少了成本。

二、推广农村实用技术

勤勤家庭农场把农村实用技术推广作为第一要务，多次到省内外农业科学院及县、乡（镇）农业技术部门学习技术，并通过了解新市场、引进新品种和成果，不断强化自身技术本领。通过学习和实践，总结出种植心得。一是选好品种。经多次考察，从浙江省柑橘研究所选择耐寒、抗旱的“由良”“柠檬甜柑”“贡柑”等新品种种植。二是选择适宜种植的土地。选择有机质丰富，既通气又能保持水分的土壤；利用“挖机”把山地整为梯形，适应柑橘正常生长发育；种植的土地尽可能靠近水源、交通和运输方便的地方。三是适时栽培、合理套种，增强柑橘抗逆力。通过不断学习新技术，确定春季2—3月和秋季10月为最佳栽培时期；采用等高栽植技术，充分利用光合作用，同时套种绿肥。四是加强土肥管理。通过深翻扩穴、中耕除草、培土覆盖、种植绿肥等技术措施，为果树生长发育提供适宜的肥、热、水、气等条件，实现高产。

三、促进生态循环发展

在沼渣、沼液使用方面，该农场投入12万元，在柑橘园山上建沼液池，铺设沼液管道，采用灌溉和滴灌相结合的办法灌溉柑橘园，实现种植业、养殖业的有机结合和农、林、水的合理布局，增加有机肥的投入量，减少无机肥及农药的施用量，大大提高了农业生态系统的综合生产力水平。

四、发挥示范带动作用

勤勤家庭农场的成功起到了示范带动作用，吸引广大农民纷纷前来参观、请教经验。近年来，松溪县家庭农场发展迅速，辐射带动周边农户 63 户，家庭农场类型有种植业、渔业、林业、畜牧业、种养结合等，种植大户不断涌现，通过一户带多户、多户带一村，形成了“一村一品”的产业格局，促进了现代农业的快速发展。

案例启示

勤勤家庭农场结合福建省丘陵地区的特点，发展水果和苗木生产，特别是运用沼渣、沼液改善土壤品质，极具特色。总体来讲，林果种植类家庭农场相比蔬菜、粮食类家庭农场，面临更多的经营风险，如技术难度大、收益见效慢、产出时市场需求不稳定等。在实践过程中，该农场通过无公害产品认证提升产品质量，保障主业的经营收益；选择水果苗木并序经营，利用两者消费群体的差异，规避经营风险。该农场的成功在当地树立了良好的榜样，让荒山荒坡也成了群众心中的“香馍馍”。

长丰家庭农场

——人员高素养，产品高品质

案例介绍

长丰家庭农场位于广东省珠海市斗门区鹤洲生态农业科技园，是一家经营对虾苗种繁殖培育的家庭农场，拥有一支人工繁殖、虾苗养殖及市场开拓运作的技术队伍，家庭成员占运作人员总量的90%，家庭成员中有养殖高级工程师2名、工程师1名。

一、设施齐备

该农场拥有130亩养殖实验基地，完成了基地主干道、进排水渠、农场道路建设和绿化，以及排污管道的建设等配套基建工程，配套建设了中间培育室、植物饵料室、卤虫培育室、实验室、动力和配电房、变压器房，购置了罗茨鼓风机、锅炉、解剖镜、生物显微镜、水质分析仪等仪器。此外，在3个区域共有6600立方米水体的对虾良种繁育车间。

二、技术力量强

该农场致力于研发和培育优质虾苗，主要养殖及苗种人工繁殖草虾苗、南海 1 号（选育草虾苗）、南美白对虾苗、沙虾苗、日本对虾苗（花虾）等优质种苗。其与中国水产科学研究院南海水产研究所共同主持的“斑节对虾遗传育种研究及新品种推广应用”项目获得 2015 年度广东省科学技术奖励一等奖。

三、服务优质

该农场秉承“质量是生存之本、技术是立场之基、诚信服务是发展之根”的经营理念，以南海水产研究所、中山大学为技术支撑，加强与优质种子种苗基地的合作与交流，并聘请专业技术人员为养殖户免费提供售前、售中、售后服务，开通 24 小时热线电话，随时为养殖户排忧解难。

四、覆盖范围广

近年来，该农场从南海水产研究所引进试验的优质斑节对虾（南海 1 号）得到了广大农民的好评，并成功申请国家专利。该品种的生长速度比未经选育的品种的生长速度提高了 21.6%～24.4%，96 小时的高氨氮胁迫成活率提高了 15.49%，已成为珠海市虾农争相购买的优质良种。该农场培育的各类对虾苗种在珠海市广大虾农中赢得了良好的信誉和口碑，客户遍及珠三角地区，甘肃、宁夏、湖南、广西、天津等地的客户亦纷纷前来购置苗种。该农场每年可以为珠三角地区 10 万亩以上虾塘提供 16 亿尾对虾苗种，多年来，共为珠海市广大养殖户提供优质草虾苗、南美白对虾苗、日本对虾苗、沙虾苗等达 160 亿尾以上，创造了良好的经济效益和社会效益。

案例启示

在家庭农场中，水产类农场的特点是高投入、高产出、高风险。单季亩产超过万元的纯收益，一般也只有在水产养殖行业才能做到。在实践中，稻田养虾、稻田养鱼、稻田养鳖等无一不是为了赚取水产养殖相对高额的利润，找到粮食和水产生产的平衡点。长丰家庭农场规模虽然不大，产值却很高，这得益于其专注各种虾苗的繁育，专精一方面，提升了自己的科研力量。笔者也期待长丰家庭农场能将种业这个农业的核心“芯片”牢牢地掌握在自己的手中。

王帮庆家庭农场

——新蚕区配上新主体

案例介绍

王帮庆家庭农场位于海南省临高县皇桐镇和正村，于 2014 年成立，主要从事种桑养蚕，年养蚕纯收入超过 20 万元。该农场年收益高于周边农民经营的其他产业收入，成为当地家庭农场发展、“一村一品”、精准扶贫的典型代表。

一、回家务农搞农场

王帮庆曾在深圳打工，每年收入 6 万元左右，由于打工收入不高，又照顾不了家庭，2013 年，他便回到老家，想通过务农创业增收致富。恰逢当年临高县引进了种桑养蚕项目，王帮庆决定通过发展家庭农场，搞种桑养蚕来创业致富。

二、承包土地种桑养蚕

在临高县农业局的帮助和指导下，王帮庆承包了村委会的 40 亩坡地种植桑树，贷款 3 万元在自家屋后搭建了一个养蚕大棚。由于海南省气候适宜，桑叶可采摘期长，每年可养蚕 10 个月，

15 天可养大一批蚕，一批蚕可收纯利达 1 万元。

三、家庭团圆效益高

王帮庆全家 6 人，夫妻 2 人加父母和 2 个小孩。夫妻二人主要管理农场事务，男主人负责种桑、采摘桑叶，女主人负责养蚕，两位老人负责照看小孩，大龄蚕上架时临时雇 2~3 名短工。目前孩子已逐渐长大，父母和子女在农忙时也能帮衬一把。王帮庆说："回家搞家庭农场后，工作比在深圳打工时轻松了许多，但收益也增加了许多，还可以每天和家人在一起，能照顾家庭，确实很好。"

四、发挥榜样示范作用

王帮庆搞家庭农场种桑养蚕的当年便一举脱贫致富，很多村民心服口服。虽然当地是新蚕区，但王帮庆虚心好学，认真请教农技人员，并把一些在外打工积累的经验用在种桑养蚕上，很快便熟悉和掌握了种桑养蚕的技术，取得了良好的效益。周围的农民看到了种桑养蚕可以致富，也纷纷跟着做。现在，该镇周边搞种桑养蚕的家庭农场达到 30 多家，积极推进了皇桐镇种桑养蚕和农民致富工作。

案例启示

如何实现小农户的提档升级，以及小农户与现代农业的有机衔接，是我国农业发展面临的重大问题。该案例表明：有能力有意愿的小农户完全可以在政府的引导和扶持下，稳步扩大经营规模，逐渐发展为家庭农场，从而取得良好的经济效益和生态效益。王帮庆家庭农场是这类家庭农场的典型代表，在某种程度上，种桑养蚕属于劳动密集型行业，机械化程度不高，受制于桑叶产量，规模扩大难度较高。但是依托家庭农场，王帮庆找到了家庭和事业的平衡点，通过尝试草本桑、地蚕育，把这一小小的农场打造成了虽小尤精的家庭农场典范和家的港湾。

海滨农场

——流程标准化，产出高效率

案例介绍

海滨农场是四川省乐山市第一家登记注册的家庭农场，位于夹江县青州乡境内，紫荆河、魏沟河与金牛河交汇处，山清水秀，人杰地灵。东距成绵乐高铁站 11 公里，西距成都—乐山高速路口 3.5 公里，成都—乐山高速公路、夹青路、三汉公路贯穿全境，交通便捷。该农场分为农机服务部和农业生产部，具有农机 56 台（套）、专职农机手 8 人（全部持证上岗）。目前，该农场流转经营土地 3350 亩，主要种植品种为 Y 两优 973、深两优 5814、川优 6203、川麦 104、川麦 42 等。

一、加强与省内外知名院校、研究所及相关专家的合作

该农场积极与国家水稻研究中心、金色种业有限公司、华丰种业、乐山市农业科学院、绵阳市农业科学院、住友集团（中国）及四川农业大学的水稻栽培专家合作，进行优良品种标准化示范种植栽培，并建立了多元合作关系；积极进行农业优良品种生态化、标准化、机械化种植示范，打造农业科普示范教育基

地、省内一流科技示范农场。

二、提高粮食生产流程标准化水平

该农场通过适用高科技进行标准化生产，确保了产品的绿色、安全、生态。正因为有标准化生产作为基础，其产品才能通过绿色、有机认证，并打造出自己的特色农产品品牌。

三、不断拓展农机服务范围

该农场由于机械化程度较高、设施齐备，农机服务全面，所以深受服务对象欢迎。其每年为周边农户提供超过1.46万亩/次机耕机插机收等服务；为四川省正奇农业开发有限公司水稻制种实施机插秧及代收服务；为峨眉山市维克生态农业科技有限公司、眉山市相德农业合作社、四川省正奇农业开发有限公司及种粮农户提供谷物烘干服务，烘干谷物超过1300吨。

四、探索发展生态农业

该农场致力于打造具有田园农耕文化特色的，集休闲观光、旅游体验、度假疗养于一体的复合型农场，让客人现场体验原始农耕流程，穿越原始农业和现代农业的“时空隧道”，让原始农耕文化得到传播传承，进一步夯实农场发展的文化底蕴，促进农场多元化发展。

案例启示

该农场仅粮油生产一项的产值就超过600万元，纯收益超过80万元，亩平均净利润超过230元，是比较不错的收益。这离不开该农场在方方面面降低成本、提高产量的努力。此外，社会化服务也是该农场的强项，其农场农机服务部在满足自己生产需要的同时，为其他企业、专业合作社、种粮大户、农户提供全面服务，跨区作业超5000亩/次。目前，该农场正在打造“统一供应良种、统一供应肥料、统一耙地、统一播种、统一化学除草、统一籽粒直收”的全程机械化托管服务，以期彻底解决外出打工人员的后顾之忧。

玉池家庭农场

——富硒稻米有特色

案例介绍

玉池家庭农场位于四川省兴文县僰王山镇水泸坝村。僰王山镇地处四川盆地和乌蒙山余脉，地势西高东低，海拔在320~1180米，生物资源丰富，属亚热带湿润型气候，气候温和，降水充沛，无霜期长，四季分明；年平均气温17.2摄氏度，年均积温6296摄氏度，常年日照1147.2小时，年均风速1.4米/秒，年均降水1333.3毫米，全年无霜期350天。镇内盛产水稻、小麦、甘薯、花生等作物。经检测，该区域土壤富含硒元素。2013年，从宜宾农校毕业的实践生杭宗玉、陈仁池放弃了到事业单位工作的机会，决定回乡创业，建立家庭农场，种植富硒水稻。经过多年的经营，该家庭农场取得了良好的经济效益和社会效益。

一、选准发展项目，做大产业

受限于劳动力等因素，家庭农场要实现增收致富，选好经营项目是关键。玉池家庭农场充分利用僰王山镇所在区域土壤富含硒元素的有利条件，种植富硒大米。由于富硒大米抗衰老，因此其价格比普通大米高出数倍。该农场于2013年成立后，注册申请了粮谷类“泸硒”“泸泰”大米商标，在兴文县僰王山镇水泸坝村、群会村流转稻田 105.2 亩，联合周边 4 户种粮大户共计种植富硒水稻 186.2 亩，然后逐年扩大。目前，该农场流转稻田 443 亩，联合相邻村组种粮大户（共 26 户）种植 1039 亩富硒水稻。由于产量稳定、质量优异，经过多年的经营，其产品在市场上已有一定的影响力，在富硒稻米这一细分领域逐渐做大。

二、实现机械作业，提高效益

该农场自 2013 年起逐年购置插秧机、旋耕机、收割机等大小机器设备 51 台，逐步降低了生产成本，实现了农机农艺结合，为进一步规模化经营奠定了基础。同时，该农场建设了 300 平方米的烘干房和 300 平方米的粮仓，并购置烘干设备，增强了发展后劲。

三、引导农户联合，共同致富

为了把富硒水稻种植做大做强，玉池家庭农场与僰王山镇富硒区域的稻农采用联合种植模式，实施分散管理、集中经营。具体运作方式是在片区以订单模式向农户免费提供优质水稻种子，并提供全程技术服务和机械化收割、烘干等处理。订单农户按照每公斤水稻种交售未脱壳的稻谷 600 公斤到农场，然后由农场统一加工、品牌化包装后出售。通过这种模式，实现了更大规模的经营种植，充分利用了农场的机器设备，更大范围地降低了生产成本，更加有效地推广了农业科技，降低了水稻种植风险，提升了抗风险能力。

案例启示

该案例表明，充分了解当地自然优势，对农业生产经营有十分重要的作用。该农场就是善于利用当地土壤含硒量高这一特点，一步一步地培养起一个细分产业，并把这个产业做精做深做透的。该农场的农场主善于联合周边的农户共同打造产业集群，颇有几分簇群经济的味道。当然，这也与整个市场需求的转变有密切关系，消费者对稻米的需求在升级换代。其成功是天时地利人和共同作用的结果，也是年轻人锐意进取的范例。

阳光家庭农场

——以休闲农业为核心，打造综合性家庭农场

案例介绍

阳光家庭农场成立于2013年7月，位于河南省新郑市孟庄镇酒孙村，农场主是常桂红，经营范围主要有农作物种植，苗木、花卉、蔬菜、林果栽培及种植销售以及林下生态养殖、农业观光、农副产品销售。该农场有从业人员6人，经营土地331亩，年经营净收入达40多万元。

一、抓规范化发展，实行规范化经营

自成立以来，该农场严格按照河南省示范家庭农场的要求和规定进行生产经营管理，并申请注册了农产品商标，实行场长负责制，制定了农场章程、农场管理制度、办公室岗位制度、技术员职能等一系列规章制度，以及农场有机蔬菜种植、生态柴鸡散养、水果种植包装等方面的生产执行标准，运用了先进的生产管理技术，聘请了专业种植技术人员和养殖技术人员各1名，指导和帮助家庭成员从事规模化、集体化、商品化生产经营。

二、抓多元化经营，发展生态休闲农业

一是发展特色林果业，延长产业链条。该农场经过几年的发展，在种植板块取得的成果有：种植优质冬枣 50 亩、新郑特产鸡心枣 80 亩，改良灰枣 50 亩，在满足游客观光采摘需求的同时，让游客体验枣产品的加工过程和枣文化的醇厚；种植葡萄 50 亩，其中有 5 亩酿酒葡萄，在满足游客观光采摘和品尝需求的同时，让游客参与体验加工制造葡萄酒的乐趣；种植杏、桃、柿子等优质水果 50 亩，让游客能体验到不同时节的采摘乐趣和不同时节的水果美味。

二是发展精品蔬菜花卉产业，多元化发展促效益。林下套种各种蔬菜、瓜果、农作物 200 亩，在满足游客采摘品尝需求的同时，能向小朋友科普农作物知识，也为下一步农耕文化园的建设做铺垫；水中种植莲花等 5 亩，在美化农场环境的同时，丰富了农场的绿色健康食材；种植花卉、苗木 50 亩，在美化环境的同时，为下一步农场的整体规划和绿化提供保障。在种植设备方面，该农场逐步完善了滴灌和自动施肥设施，使农作物的种和收都实现了自动化和半自动化作业。

三是发展设施农业，反季生产增效益。该农场对部分农作物实施了大棚管理，在提高农产品质量的同时，延长了游园的时间。

在配套设施方面，该农场增加了农产品加工体验设施，让游客可以深刻地体会到动手的乐趣，同时为游客提供了更丰富的农副产品。为了提高儿童的游园乐趣，不断完善游客就餐和休闲设施，该农场逐步引进一些简单的儿童游乐设施和农家小动物。该农场通过发展以种养为主，兼营采摘、农业观光、休闲垂钓的农家乐、渔家乐，以及农副产品粗加工包装销售，示范带动周边农户大力发展现代特色农业，促进了当地农村经济的持续发展。

三、抓生态林下经济，实现效益最大化

经过多年的发展，该农场在发展林下经济方面探索出红枣种植、林下养殖、水产养殖“三位一体”的生态循环发展模式，取得了显著的经济效益、社会效益和生态效益。一是林下生态散养柴鸡1.8万只，保证日产蛋6000枚左右。柴鸡采用林下散养，对改善农场内的生态环境能起到关键作用；同时，各类杂草和害虫成为鸡的饲料，为农场内的绿色种植提供了有力保障。二是养殖鸭和鹅1000只，在生态养殖的同时，丰富了农场内的家禽物种，让游客更贴切地体验农家生活，参观咸鸭蛋等农产品的深加工过程。三是养殖野兔1000只，在满足游客体验美味的同时，增加体验乐趣；养殖生态土猪60头，在保护本地优质物种的同时，让游客吃上传统的美味。四是建设大型鱼塘2个，在满足游客垂钓需求的同时，完善农场的生态链，为家禽的粪便处理提供保障。在养殖设施上，该农场在保证生态养殖的同时，为畜禽提供了更加贴近自然的生存环境和生长空间，提高了畜禽产品的质量。

案例启示

阳光家庭农场经营范围广、效益好，得益于农场主常桂红坚持不懈地提升生产经营管理水平，增加生产效益。一是不断加强农业教育、技能培训与农业新科技、新良法、新良种的推广应用，强化科技支撑，提升科技含量。二是适度扩大经营规模，充分发挥农业规模生产效应。三是开展无公害农产品、绿色食品、有机食品、农产品地理标志“三品一致”的申报认证，建立了完善的农产品质量追溯制度，提升了产

品质量。四是实行规范化经营管理，提升了经营管理水平，增加了农场的经济效益。五是努力打造示范家庭农场，提高了农场知名度，充分发挥了示范带动作用。

怡心园家庭农场

——以粮为基，用烟叶生产增收益

案例介绍

“一家一户没出路，规模经营能致富，家庭农场是‘擎天柱’，带咱农民走富路!”这是孙根营的口头禅。怡心园家庭农场位于河南省临颍县道襄路南200米，农场主系杜曲镇湾淘村农民孙根营，其家庭有5口人，其中3人常年参与农场的农业生产经营，常年雇工2人。

一、分散风险，规模经营，实现效益多元化

怡心园家庭农场经营面积1300亩，按照粮经比8∶2分配种植。其中1000亩用于夏季种植小麦、秋季种植玉米，300亩主要种植烟叶等经济作物。众所周知，传统的夏小麦、秋玉米或大豆种植模式效益较低；种植经济作物面积过大，风险也会大，不确定因素太多。经过多年调整，该农场大部分土地用来种植效益低下的粮食（小麦、玉米），小部分面积种植效益高但风险也较大的烟叶。这种种植配置较好地规避了经营风险，也获得了较高的收益。

二、统一作业，统防统治，提高农业机械化

土地流转，规模经营，便于家庭农场实行大农机整地、进行统一供种肥及接受农技人员的指导服务，能确保整地、播种标准化，使优良品种、先进栽培和实用农业技术得到大规模应用，让原来一家一户耕种品种难统一、实用技术难推广、大型农机难进地等问题迎刃而解，秸秆还田、秸秆禁烧难题也随之破解。以玉米收割为例，收割机每小时作业量是8亩，相当于10个人工一天的作业量，而费用仅是人工的1/3左右。用孙根营的话说："咱这点儿地，拖拉机一突突就完了。"由于拥有了土地经营权，家庭农场可以优化耕作制度。采用农机农艺结合的方式，推行田间作业机械化、地力培肥有机化、种植结构适宜化，通过机械灭茬、秸秆还田、增施有机肥等办法，能有效遏制土壤有机质下降的趋势。大农机作业能提高现代农业的劳动生产率和土地产出率。

三、以谷为价，双方满意，解放农村劳动力

孙根营在与农户流转土地时约定，每亩土地支付租金为375公斤小麦或当时等量小麦的市场价格（折合成现金约900元），这种支付方式较为灵活，也符合流出农户的心理。土地流转使300多户农民成为"自由人"，安心去搞"非农收入"。

四、烟叶种植，收益颇丰，户场村三方共赢

怡心家庭农场烟叶平均亩产达到200公斤，比农户自己耕种高出5%多，每亩能增产10公斤，因此种烟叶的收益每亩收入在3000~3500元，除去生产成本和雇请劳力工资（1200~1500元），每亩烟田的纯收入可达到1800~2000元，如套种其他作物，每亩

可多增收300~500元。种植300亩，一年下来纯收入就有50多万元。由于种烟季节性用工需求较大，需要通过村集体组织大量临时工，村集体每个工人可提取1元管理费用，按照300亩土地计算，村集体可收取务工管理费1.2万元，同时政府有组织用工奖励政策奖励给村集体，约有1.5万元，这样，仅通过怡心园家庭农场就可给村集体带来2.7万元的稳定收益。同时，每个临时工也能获得超过3000元的打工收入。

案例启示

在农业生产过程中，难免会碰到各种各样的问题，如基础设施比较薄弱，抵御极端天气能力不足；农业保险不全面，一旦遇到自然灾害或不可抵抗力，往往损失惨重，甚至是血本无归；等等。目前，怡心园家庭农场在粮食种植上收益相对偏低，单季粮食的亩产收益在100~150元，比经济作物的收益低，但是该农场主还是用心经营着两季粮食，图的是国家收购的安稳钱。对于烟叶这种纯粹的原料作物，完全依靠市场调节，没有议价的权利，300亩的种植面积也谈不上大规模，故而经营风险也较其他经济作物的经营风险大。该农场将两种作物搭配经营，既是稳妥做法，也是创新举措，为农业生产上了一道“保险栓”。

赵文学家庭农场

——从水库移民到共同致富的带头人

案例介绍

赵文学是河南省鹤壁市浚县卫溪街道花地新村人，于 2013 年 6 月成立赵文学家庭农场。该农场总投资 300 万元，其中固定资产 200 万元，现有固定成员 5 人，主要从事小麦、玉米等农作物种植；注册了“卫溪”商标，并进行了无公害农产品认证。农场主赵文学多次参加省、市、县举办的新型职业农民培训，探索科学种植模式，总结种植经验，在自己致富的同时，将先进技术和方法传授给更多的新型农民，为带动乡邻共同致富、支持国家盘石头水库建设、安定移民生活做出了积极贡献，成为新型职业农民科技致富的带头人。

一、适应移民生活，种好自家田地

2004 年，为支持国家水库建设，赵文学一家从安阳市林县山区盘石头水库搬迁移民至浚县花地新村，分到了 8 亩土地。为了种好土地，一家 6 口人起早贪黑，风里来雨里去，在庄稼地里摸爬滚打，但是收成还是不尽如人意，家庭收入也一直不高。赵文学逐渐意识到，在农业上要想有所收获，传统的耕作方式方法已经不能适应现代农业的需要，要想干好农业，仅凭能吃苦、肯出力是不够的。在中央电视台农业频道科技节目启发下，他意识到，尽快适应移民地的农业种植习惯，靠科学、懂技术才是他干好农业发家致富的出路。从此，他积极参加浚县新型职业农民培训，拿到了科学种田的“金钥匙”，懂得科学施肥、合理密植、科学管理、适时收获等知识，把在培训班学到的知识与自己平时积累的种田经验结合在一起。很快，其种植的小麦亩产达到450公斤、玉米亩产达到500公斤，这极大地提升了他进行科学种田的积极性，使他决心在土地种植上大干一番，努力把自己锤炼成一名优秀的新型职业农民。

二、扩大种植规模，成立家庭农场

经过多年的科学种植实践，一家一户的农业种植模式已不能满足赵文学的需求，于是他从种自家土地转变为承包农户土地进行规模化种植，并于2013年6月注册成立了家庭农场，开始走农业规模化发展道路。家庭农场成立后，他主要负责作物管理、病虫害防治等技术性工作。从春播、夏管到秋收，每一个环节他都亲自深入田间地头进行指导，尤其是在科技种植上，更是废寝忘食，再忙都要坚持查阅资料，看看什么肥料好、什么农药除虫害好，再累都要做好一天的工作记录。功夫不负有心人，在其一家人的共同努力下，该家庭农场逐步走上了机械化、科技化、规模化的农业致富之路，承包的300多亩小麦亩产达到500公斤以上，玉米亩产达到650公斤以上，亩均效益300余元，年收入达到60余万元，为当地农民从事新型农业种植与经营起到了示范带头作用。

三、推广科技良法，亩产再上台阶

该农场在管理上采用规模化、规范化、现代化的经营模式，聘请农业专家，充分发挥科学指导作用。在农作物种植中，尝试生态种植，以有机肥料为主，控氮、稳磷、补钾、增加微生物，做到绿色生产；科学防控病虫害，减少农药的使用量；做到种地和养地相结合，使农业生产和环境保护相协调，使自己的产品达到无公害标准。同时，在不影响产品质量的条件下，尽量提高产量来增加收益。该农场积极运用新品种、新技术、新农艺，科学化种植、集约化经营，粮食产量一步步提高，1000 多亩小麦最高亩产达到 550 公斤，玉米亩产达到 650 公斤，粮食总产量达 1248 吨。

四、一路真诚付出，致富不忘乡邻

为了经营好农场，做到可持续发展，提高农场的社会效益，在勤劳致富的同时，赵文学也不忘乡邻，动员盘石头水库移民尽早搬迁，向乡邻介绍自己勤劳致富的经历和国家、当地政府的支持，承诺未搬迁的移民："不会种田教技术，不愿种地我承包"，减轻政府移民压力。每年农闲时，他都邀请市、县农业部门的专家到村办培训班，传授科学种田知识，即使在他妻子生病期间，他还不忘在农业生产的关键季节想方设法地抽出时间向附近村种植户讲解新的种植技术，指导农民及时开展病虫害防治等，受到当地农民的赞誉。

五、创新农场管理模式，走共同富裕之路

在农场管理上，赵文学采取场社联合的方式。在农业种植过程中，与裕丰农机服务专业合作社合作，从土地耕作到收获，租

用合作的各种机械。这一方面减少了农场的机械设备投入，能使农场资金效益最大化；另一方面为农机服务合作社提供了服务机会，达到互利双赢的目的，有利于推动实现共同富裕。

案例启示

水库移民，背后是千千万万个家庭背井离乡，这是一个时代的缩影，也体现了人民支持国家建设的坚定信念。一路艰辛走来，赵文学始终牢记自身责任，扎根基础，甘愿奉献，在确保国家粮食安全、建设现代农业等方面发挥了重要作用，在带领群众共同致富、服务“三农”等方面事迹突出，起到了良好的示范引领作用。该案例更多的是对农场主经历的描述，希望读者体会到农场主思想上的蜕变、行动上的跟进（从渴望有一个足够宽广的平台施展，到说干就干的果决），更深刻理解农场主克服重重困难、成功的艰辛。农场主依托新型职业农民的系统培训，具备了较高的农业实用技术和技能水平；整合应用先进的农业科技、良种、良法、农机作业，示范推广了农业高新科技，丰富了种植实践经验，从一个侧面也反映出政府对培养新型职业农民的决心。

俊太家庭农场

——节水增效有本事

案例介绍

俊太家庭农场位于河北省献县十五级乡八章村，成立于2013年5月，固定资产300余万元。该农场农场主是赵俊太，有家庭人口4人（其中主要劳动力2人），长期雇用管理人员2人，季节性雇工16人；土地流转面积从2013年的几百亩逐年增加到1970亩，流转涉及本村420户农户，全部签订了规范的土地流转合同，流转期限为10年，转包价格为每亩800元；主要种植中药材、绿化苗木、玉米、小麦，同时搞生态养殖。该农场通过转变生产方式、拓宽经营模式，增强了发展活力，年收入350万元，纯收入超过60万元，实现了增效增收。

一、多种经营保增收

俊太家庭农场适当减少了小麦、玉米的种植面积，增加了中药材、绿化苗木种植及生态养殖，以多种经营方式降低市场风险，增加经营收入。目前，该农场种植小麦、玉米1770亩，年纯收入33万元；种植中药材130亩，年纯收入10万元；种植绿化苗木70亩；发展鸡、鸭、牛、羊林下生态养殖600头（只），年纯收入 15 万元。这样因市场、因需求调整种植规模和经营项目，确保了农场收益稳中有增。

二、机农结合提效率

该农场投资 100 多万元，先后购置旋耕机，播种机，玉米，小麦收获机，灭茬机，打药机，拖拉机等 20 台（套），使农场种植基本实现了全程机械化作业。机农结合大大提高了劳动生产效率，不仅解决了农忙时用工紧缺问题，而且经营成本也比之前减少了 20%左右。同时，空余时间还能外出作业，既提高了机械使用效率，又增加了农场的收入，体现了机农结合的高效益。机械化与家庭农场的有机融合，为当地家庭农场机农一体发展提供了可资借鉴的经验。

三、调整模式显效益

该农场调整农业种植模式的土地为 870 亩，由小麦、玉米连作改为一季休耕和一季雨养，全年减少灌溉 4 次，年总节水量达 15.7 万立方米。这在确保收益的同时，有效减少了地下水的开采量，为增强全县农户的节水意识起到了很好的示范带动作用，生态效益和社会效益显著，得到农业农村部、河北省有关部门的充分肯定。

四、学用科技促增产

该农场始终坚持“以科技促增产”的理念，农场主赵俊太经常参加农业农村部及省、市、县农业部门组织的各类农业科技培训，并学以致用，将这些技术应用到农场的农业生产，推广使用玉米、小麦优良品种，实施深松整地、精良播种项目。他投入

100 多万元实施水肥一体化项目，打深水井 2 眼，安装喷灌水肥一体化系统 2 套，提高生产效率 10%以上，实现了节水、节肥、高产。

案例启示

俊太家庭农场从传统小麦、玉米连作，到节水灌溉种植单季玉米，是对国家节水政策的信任和支持。发展中药材、种植苗木、饲养林下畜禽是该农场分散经营风险、寻求新的利润增长点的道路选择。从该案例可以看出，政府的政策引导对地方农业发展是有积极的正面作用的，好的产业政策可以推动一方业态的转变，有效地推动农业转型升级。此外，寻求风险和利润的平衡点始终应是家庭农场关心的问题，该农场也做出了有益的尝试。

昌丰家庭农场

——30 年后再出发

案例介绍

刘兴仲，河北省昌黎县茹荷镇后七里庄村一个普普通通的庄稼汉，他在多年的农村工作和农业生产中，依靠国家政策和家人的支持，率先在本村成立了昌黎县昌丰家庭农场，通过在盐碱滩上种植水稻，因地制宜巧致富，闯出了一条增产增效之路。

一、敢为人先，做“第一个吃螃蟹的人”

后七里庄村是位于昌黎县东南沿海地区的小村，面对大片的盐碱地，祖祖辈辈生活在这片土地上的农民只能望地兴叹。2014年，从事水稻种植多年，积累了丰富的水稻种植经验的村民刘兴仲在家人的支持下坚定地站出来，于当年投资 59 万元成立了昌丰家庭农场。该农场通过土地转包等流转方式扩大水稻种植面积到 300 亩，于当年销售水稻 210 吨，年收入达 63 万余元，取得了实实在在的经济效益，激发了当地农民种植水稻的热情。刘兴仲也成为远近闻名的水稻种植专业户，现在，这片土地已成为村民致富的“粮仓”，成片的水稻给村民带来的不仅仅是收获的喜悦，更是生活质量的改善。

二、依托科技创新，实现增产又增效

20世纪80年代初，刘兴仲带领村民改良土地；如今，他的家庭农场也给后七里庄村带来新的契机。建场伊始，刘兴仲就致力于用新的理念探索新的种植模式，改变多年的水稻传统种植习惯，通过增产增效，带领村民过上了更加富裕的生活。

一是引进新品种。为了解决传统品种抗逆性差、产量不高的问题，该农场对水稻新品种进行严格筛选，对适合的品种，既考虑产量，又注重品质。与辽宁省盐碱地利用研究所合作，引进了高产优质抗病稻种盐丰47；与河北省水稻研究所合作，试种了水稻新品种垦丰38、津福860；为了满足人们对特种稻米（如香米）的消费需求，又引进种植了京香糯5号、冀香糯1号等品种。

二是增加新设施。该农场在原来购置的拖拉机、收割机等多型机械设备的基础上，添置了最新的久保田联合收割机1台，购买了久保田牌四轮乘坐快速插秧机。经过多年的发展，目前该农场有农机具20台（套），从种到收，全程实现了机械化生产。新型机械设备的大量使用，既降低了劳动强度、减少了劳动力成本，又增加了农场的经济效益。

三是改善农田基础设施。为了便于规模化经营，该农场自筹资金30余万元建设水利设施，目前拥有深水井3眼、浅水井6眼，电力变压器1台，深水泵、潜水泵共9台，低压线路2000余米。后七里庄村由于近海，地表淡水资源缺乏，为有效节约淡水资源，该农场铺设水泥管道2000米，实现了节水灌溉。

四是推广新技术。刘兴仲总结出一整套水稻除草、施肥、管理、除虫防病的科学种植方法和机耕、机喷、机收的现代农业作业方式，使种植方式由面朝黄土背朝天的“三弯腰种植”变为

“不弯腰种植”。为发挥优良品种的增产优势，该农场育秧使用塑料、无纺布、塑料秧盘，采用先进的混合式育秧，减少了秧苗的病虫害发生率，为高产奠定了基础；肥料采用农家有机肥，病虫害防治一律采用生物制剂，严格控制施药期，确保产品无公害；水稻机械化插秧配套育秧（双模育秧、大棚育秧）技术和水稻机械化插秧丰产高效配套技术的实施，为水稻丰产奠定了基础，使年水稻平均亩产达到700公斤，实现了丰产稳产。

三、兴一个产业，富一方百姓

经过多年的摸索，该农场建立了一套适合昌黎县的水稻标准化生产规程，发展成为拥有多型机械设备、完善的水利设施、先进的种植管理技术的现代化、规模化家庭农场，对本村及周边村民起到了明显的示范带动作用，使昌黎县的垦玉38的种植面积达到2000多亩、香糯香粳种植面积400多亩，极大地促进了后七里庄村水稻种植户发家致富，也让水稻种植业成为后七里庄村主要的致富产业。

案例启示

在物质得到极大丰富的今天，饥荒已经从中国人民的脑海中逐渐淡化，但依旧有一批人为着粮食安全执着努力。如果说，40年前刘兴仲带领村民改良土壤种植粮食，是为了吃饱饭，靠的是苦干；那么今天流转土地、发展粮食规模经营，追求的是生活小康，靠的是巧干。事实上，在昌丰家庭农场带动下，向盐碱地要品质优异的粮食成为现实，水稻种植确确实实成为当地农业生产、农民致富的新路径。

喜洋洋家庭牧场

——“寄养”“托养”有活力

案例介绍

青海省海东市乐都区洪水镇姜湾村村民蔡侃成立的喜洋洋家庭牧场，占地面积3.5亩，有畜舍1500平方米、饲草房200平方米、青贮池300立方米，主要养殖、销售小尾寒羊，现存栏270余只，能繁母畜存栏180余只，年出栏430余只，年纯收入超过30万元，有力地带动了该区域农户的发展。

一、创新机制，激发发展活力

该农场注重整合资源，鼓励农户通过“订单”“寄养”“托养”等模式与其建立稳定的利益联结机制，激发家庭牧场发展活力。

一是创新订单生产模式。以牧场为主体，实施“牧场+农户”的订单生产模式，按照合同要求向农户提供陶赛特羊、小尾寒羊种羊，并以每只高于市场价20~30元的价格收购，有力确保了所收购小尾寒羊的质量和农户的养殖利润。

二是创新小尾寒羊寄养生产模式。由牧场牵头，采取“牧场+

农户”模式，由牧场提供统一疫苗、指定专人统一管理，农户统一提供幼畜、饲料、技术指导、保底回收，大力发展小尾寒羊“寄养”，既保障了家庭牧场的养殖收益，也减轻了小尾寒羊规模养殖牧场的环保压力。该牧场通过利用这种小尾寒羊养殖模式，有效地解决了养殖融资难、技术掌握难、产品销售难、收入保障难等问题。

二、技术更新，提高养殖水平

根据现代畜牧业发展需要，牧场主蔡侃不断学习先进实用技术和管理方法，聘请专业技术人员 2 名，从事养殖业技术的指导服务、新品种引进、科技培训等，为圈舍建设、种畜引进、防疫技术、饲养管理等提供全程技术服务。利用陶赛特羊的高产肉性能和同期发情、人工授精技术，将陶赛特羊与小尾寒羊及其杂种后代进行经济杂交，所生产的杂种羊可表现出明显的杂种优势。同时，利用同期发情技术，最大限度地提高种公羊的利用率，便于统一发情时间、集中配种。

三、优化服务，赢得市场空间

该牧场以自己的发展观念和主动性来营造市场、开拓市场，所产的 F_1 代杂种羊较当地羊可平均增重 4 公斤以上，按照市场价每公斤 46 元计算，每只羊可增收 184 元。此外，该牧场向订单和寄养农户开展养殖技术现场培训、跟班培训，使之在实践中迅速掌握和运用现代养殖实用技术，缩短了养殖周期，节约了饲养成本，让广大农户取得了较好的经济效益。

四、重视环境，适度延伸产业

该牧场围绕优质、健康、无公害产品、生态和谐的目标作文章，加大粪污治理力度，争取项目资金，提升粪污处理能力，适当延伸产业，尝试利用粪便和沼液进行农作物种植、林木栽培、生产有机肥等，推动了周边种植业和相关产业的发展。

案例启示

喜洋洋家庭牧场虽然规模不大，但是抓住了当地畜牧产业较为发达的特色，提供种业服务，形成了自己的特色。其农场主也在经营中逐渐成长为一位具有较强市场意识、较高生产技能、一定管理能力的现代畜牧业职业经营者。通过引进小尾寒羊，更新了品种，加快了当地畜牧业规模化、专业化建设步伐；通过“订单”“寄养”“托养”等模式，创新了机制，扩大了养殖规模，促进了粮食转化和资源的有效利用，降低了饲养成本，提高了生产效率，使经济效益大大增加；通过服务，加强了与农户的联系，解决了农户经营中的困难，特别是解决了良种繁育、技术推广、疫病防治等重点环节的问题，提高了农户的收益，形成了牧场和农户双赢的新局面。

刘树南家庭农场

——在正确的道路上曲折前行

案例介绍

刘树南家庭农场位于内蒙古自治区赤峰市巴林左旗，成立于2015年3月，现经营土地1400亩，主要以种植大田粮油作物为主，并探索种植其他新特经济作物。

一、道路崎岖不放弃

在多年的经营过程中，农场主刘树南碰到过很多问题，他通过慢慢摸索，逐一进行解决。由于水井离山顶梯田远、坡度太大，管路压力大易涨开，影响了及时浇地，刘树南便在修复的基础上，在管路上设逆水阀两处，解决了浇水不及时的问题。针对除草不及时问题，他采用人工锄草、喷洒除草剂、播拉机耘锄等不同措施进行解决。在向日葵授粉期，蜜蜂应在开花前到位，若实际花快开齐了蜜蜂才到，会影响10%~20%的产量，因此他基本会提前几天让蜜蜂到位。常规收割存在丢穗多现象，因为收割机只能收普通清种的四垄，而给农场收的是两膜四垄，且收割平台不够宽，所以有一垄谷穗会被丢在地里，人工捡拾既费工又费力。刘树南潜心研究，通过换装新的收割平台解决了这个问题。

二、机械作业省资金

由于经营规模大，农机成本也节省了不少，旋耕、整地、机械播种费用均减省了1/3。例如，深松加旋耕，一般农户需要花费80元/亩的成本，而农场大规模采用只要花费60元/亩，使成本降低了25%；机播费用，农场大概只需要花费40元/亩，较散户机播成本降低了42%；机收玉米，农场的成本约60元/亩，较之普通农户机收玉米也有40%的降幅。这让刘树南尝到了规模经营的甜头。

三、贫瘠土地出高产

刘树南承包的土地属于新垦土地，是由新房身村七组新坡改梯的山地，土质欠佳，土壤有机质、氮、磷、钾都严重匮乏，微量元素也缺乏，如果不改良土壤，种植农作物不会有理想产量。为解决土壤养分匮乏问题，刘树南专门请来市、旗农业技术推广中心土肥站、推广站的专家支招，研究种什么、怎么种。专家经过多次调研协商，一致认为：要想高产，必须加大投入力度，改良土壤，最有效的措施就是增施有机肥；先测土，采取缺啥补啥的办法施肥。方案定下来后，便开始实施，农业推广专家根据不同作物，针对营养元素的需求确定了施肥方案、配方，采取70%基施、30%滴灌冲施。土壤有机质提升，主要采取增施有机肥，按照每亩5立方米左右的有机肥来施，共买有机肥6000多立方米。由于不同作物需肥规律不同，需采用不同配方施肥。该农场种植的向日葵、玉米、谷子、大葱，由于内蒙古自治区专家的指导及时到位，采用全膜覆盖、膜下滴灌、土壤深松等实用技术，干玉米产量超过850公斤，干葵花子产量达175公斤，谷子产量达400公斤以上，大葱产量达3500公斤，都超过了目标产量。

四、增加品种添收益

该农场早期以种植玉米、向日葵为主，目前主要种植玉米、土豆、洋葱、大葱。虽然玉米产量连年增高，但销售价格并不理想。为了增加效益，该农场从张家口农科所引进冀张薯12、荷兰15、1059三个土豆品种进行试验，试验面积150亩，采取机械整地，机械起垄、施肥、下种、覆膜一体化种植，机械收薯的全程机械化种植模式，省工省力，可大面积种植且效益不低；引进威望洋葱和紫皮洋葱在乃林地区种植，采用机械起垄施肥、人工栽种的方式，自行改进覆膜机，采用1.5米黑膜双滴溉带种植，减少了床间沟数，提高了土地利用率，相应地增加了产量。

案例启示

刘树南家庭农场的经验表明，创业不是一帆风顺的，在通往成功的道路上肯定会遭遇艰难险阻，需要农场主充分发挥主观能动性，结合相关专业人员的技术支撑，摸索出适合自己的生产经营模式。一是承担试验项目。该农场承担了大量的政府试验项目，如玉米化肥减量试验、玉米氮磷钾肥料用量梯度试验、玉米微量元素肥料用量梯度试验、锌肥示范推广项目、玉米黄腐酸尿素追肥示范项目等。通过承担试验示范项目，加强了与技术部门之间的联系，也改善了农场的部分基础设施，建设了中心控肥增效、水肥一体化示范区。二是尝试节水技术。通过采取地膜垄下沟播技术，让雨水流入沟内，下一指雨（7~8厘米）即可出全苗，5月上旬下的第一场雨就为农场节省了浇一遍水的费用，一亩可省 20 元，共省 2 万余元。三是坚持土壤改良。坚持施农家肥改良土地、培肥地力、增加土壤有机质含量，坚持检测土壤养分中的氮、磷、钾及中微量元素，并按照检测结果进行施肥。

君安家庭农场

——共同致富的农导师

案例介绍

君安家庭农场位于新疆维吾尔自治区且末县，农场主冀军安是一个土生土长的农村人，自小就跟着父亲和土地、农业打交道，种植、养殖样样在行。1999 年，土地二轮承包开始时，他主动要求承包了本村 95 亩集体机动地，开始初步探索规模化种植道路。2002 年，随着种植结构调整，冀军安积极响应县委、县政府的号召，开始种植红枣，当年种植了 25 亩，以后又陆续种植了 50 亩。2015 年又种植了 20 亩核桃。目前经营土地近 100 亩。冀军安就这样一步一个脚印，通过土地流转，将自己原来的家庭承包经营土地逐渐发展为具有一定规模的种养结合型家庭农场。

一、种养结合，以种带养

该农场种植的红枣、核桃的行间距有 3 米、株距有 1 米，果树间的空地较多。由于果树均已挂果，林下已不适宜种植其他农作物，那么，如何综合利用现有的土地资源，既充分利用空地，又不影响果树的生长，成为摆在冀军安面前急需解决的问题。他听说附近市县有在红枣地养鸡养鸭的成功案例，于是前往取经。

在汲取成功经验的基础上，冀军安结合自己农场的特点，开始尝试在果林里养殖家禽。他利用鸡鹅可采食林下杂草的特点，把鸡鹅集中在果树区域范围内，对其进行散养，不喂饲料，只给鸡少量喂食农场种植的粗粮。这种养殖方式节约了除草的人力和财力，鸡和鹅排出的粪便还可作为肥料，在果树下就能生产出无公害的干果、鸡鹅肉和禽蛋。通过一系列的想法和不断实践，冀军安先后养了500只土鸡和300只鹅，成为当地发展林下经济的代表人物。

二、依托科学技术和农业专业知识，实现种养结合和集约化管理

冀军安全家把应用科学技术和农业专业知识，提高种植、养殖技术和质量当作第一要务，抓住一切机会，利用闲暇时间多次参加县畜牧部门、林业部门、农业院校等举办的各类农村农业实用技术培训，并通过订阅杂志、购买种植养殖光盘等多种渠道搜集种植和养殖信息，学习新知识、了解新市场、引进新成果，不断强化自身技术本领和掌握市场信息的能力。防疫灭病工作是种植和畜牧养殖的重中之重，在种植上，他每年春季给果树喷洒石硫合剂，预防果树病虫害；在养殖上，他定期对鸡群和鹅群进行健康检查，对有异常的鸡、鹅及时确诊与治疗，严重的立即屠宰销毁，因而控制了疫病的发生并保障了鸡群和鹅群的健康。

三、回馈社会，带动周边

通过多年的努力，该农场已具有一定规模，经济效益日渐突显，收入也逐年增加。冀军安富了，但他坚信自己富了不算富，大家富了才算富。他经常挂在嘴边的一句话就是：“我有义务和

责任带动周边养殖户共同走向富裕。”他将自己成功的技术、经营和管理经验传授给周边种植户，免费为他们提供技术指导。生产上，坚持做到勤联系、早联系，共同探讨种养结合过程中所出现的问题；技术上，指导农户加强苗种的放养、管理和病害的防治，特别在雏鸡、雏鹅放养上，严格为他们把关；管理上，及时提醒种养户做好疫情监测；销售上，要求农户坚持“捕大留小”的原则，帮助他们最大限度地增加收入。

案例启示

大力挖掘农业优势产业资源，重点培育发展家庭农场，为农业增产增效和农民增收致富发挥带头示范作用，是发展家庭农场的根本目的。君安家庭农场就是具有代表性的一个家庭农场。在当地，只要提起冀军安，大家都无不竖起大拇指，称赞他是扶贫帮困、带领大家共同致富的好能手。通过该农场的示范带动，科台买艾日克村出现了大批种养结合的专业大户和家庭农场，形成了一户带一户、多户带一村的农业生产新格局，让该村在现代农业发展的大道上高歌猛进。

岗苏家庭农场

——共同富裕的先行者

案例介绍

岗苏家庭农场成立于2013年，由西藏自治区日喀则市桑珠孜区甲措雄乡岗村村民朱杰创建，注册资本1000万元，位于日江公路沿线，距离日喀则市区26公里，交通便利，是集种植、养殖、销售于一体的综合性家庭农场。该农场经营面积1000亩，其中525亩岗村无法耕作的砂砾石结构闲置土地是在2013年经过全体村民一致同意，村委会讨论通过，依法流转给岗苏家庭农场经营的。

一、政策春风吹，农场主信心足

2013年，中央一号文件提出鼓励农民创办家庭农场，特别是鼓励有文化、懂技术、会经营的农村致富带头人通过土地依法流转等方式扩大生产经营规模，发展适度规模经营的家庭农场。获知这一消息，朱杰成立了当地第一家家庭农场，并对农场进行定位规划，明晰了发展思路。在政策的鼓励和引导下，朱杰决心在这片荒地上发展奶牛产业。经过多方筹措，累计投入资金1000万元（其中农场自筹865万元，获扶贫资金100万元、政府投资

25 万元、组织部“六心”工程资金 10 万元)，完成场区客土平整 425 亩，厂房建设 25 亩（包括牛舍 476 平方米、活动凉棚 900 平方米，犊牛舍 144 平方米、活动场所 160 平方米，挤奶间 40 平方米，羊舍羊圈 120 平方米，兽医室 36 平方米，精饲料仓库 180 平方米，饲草仓库 980 平方米，饲草料加工房 40 平方米，饲草青贮窖 120 立方米，化粪池 125 立方米，办公室和员工宿舍 700 平方米，大门 1 座，围墙 480 米，道路硬化 2450 平方米，场区绿化区种植青柏树、柳树 1.5 万棵)，购置设备 5 台（牛奶消毒设备、精饲料粉碎机、饲草搓揉粉碎机、饲料搅拌机、专用运输机各 1 台)，配套水渠、深井、配电房等附属设施。

二、质量有把控，品牌打得响

该农场成立后，逐步建成了拥有 130 头黑白花高产奶牛、250 只英国萨福克优质种羊、1000 亩饲草基地和各种先进农机设备的现代化养殖基地，创立了自己的“雪域珠峰”农产品品牌。由于拥有自己的饲草料、种植和蔬菜基地，保证了源头供应，再加上在畜牧养殖方面严格按照无公害标准化养殖技术进行生产，因此能做到种植、养殖、加工、销售一条龙，一方面可以有效保证产品品质，另一方面可以提高生产效益和产品市场竞争力。该农场平均每天生产鲜牛奶 1500 公斤，供应给桑珠孜区多所学校。目前的经营品种较多，有牛奶、萨福克羊肉、藏鸡蛋、饲草料、饲草种子、青稞种子等，经营状况稳定，年收益在 300 万元以上。

三、致富念乡情，大家奔小康

农场主朱杰始终不忘帮助乡邻、带领群众致富。利用农场现有的农机设备，只要附近乡村集体有挖水渠、修路和集资运输等方面的需求，他总是免费提供车辆服务。村里只要有抗洪抢险作业，他也免费提供大型机械进行作业，既减轻了群众的经济负担，也保障了人民的生命财产安全。同时，该农场为甲措雄乡的奶牛和绵阳的改良工作免费提供良种，为附近乡村无偿提供种养殖技术培训服务，为村民提供就业机会，为入股群众赚取入资分红。近年来，该农场承担了不少培训主场地任务，每年培训外来参观学习人员 3000 人次以上，为日喀则市农牧民创业和科技培训搭建了良好的学习交流平台，起到了良好的农民自主创业致富示范带动作用。

案例启示

岗苏家庭农场按照“生产有规模、产品有标牌、经营有场地、设施有配套、管理有制度”的要求建设经营，最大限度地实现产业提质增效，带动岗村、琼孜村等周边乡村农户淘汰劣质牛、改进品种、扩大良种群、发展良种奶牛养殖，调整农业结构，在促进农牧民致富增收等方面起到了典型示范作用。此外，该农场的发展也为当地村集体带来了收益和发展。为村里修建水塘，彻底解决土地的灌溉问题，每年为集体带来 5 万元的收益；1000 亩的流转土地，给村集体每年带来至少 30 万元的收入，要知道，即使在东南沿海地区，村集体经营性收入低于 30 万元的村也有不少。

该农场的农场主朱杰作为一名农民，有着农民天然的优秀品质——吃苦耐劳、辛勤朴实，其成功源自勤奋，即“勤思”“勤学”“勤干”。“思考”转变思路——充分利用政府的惠农政策，与农业科研机构合作，引进新品种试验；“学习”转变观念——积极参加科技培训，通过随时随地学习，不断掌握生产技能，引进优良品种和先进技术，开阔眼界；“苦干加巧干”辛劳付出——组建家庭农场，实施规模化和规范化养殖，找准了致富之路，实现了打造现代化种养一体的农场养殖基地的梦想。为实现共同富裕，朱杰耐心帮扶牧民，常常免费进行培训和亲自辅导，授人以渔，以实际行动做共同致富的引路人。

鸿勃家庭农场

——新生代，新思路

案例介绍

鸿勃家庭农场位于浙江省台州市椒江区洪家街道，成立于2013年，由“90后”盛建高创办，虽然该农场主要种植水稻、油菜等传统粮油作物，但是新生代农场主有新的经营思路。

一、粮油为主，适当补充其他产品

鸿勃家庭农场主要种植水稻、油菜，通过水稻—油菜轮作，不仅增加了土地的复种指数，对冬季闲置下来的土地进行充分利用，而且能起到抑制土壤中大多数病虫草害的作用，对土壤肥力也有明显的改善。此外，还种植了30亩桃树，利用水稻、油菜、桃子成熟季节不同，合理安排作业时间，充分利用闲置劳动力，降低经营风险。

二、明细分工，追求适度规模经营

日常管理中，盛建高主管农业投入品采购，注重采购高效、低毒农药、生物农药，有机肥的把控和品牌建设，电商营销等方面；其父母则主管种植和安排人工劳动，主要指导雇工开展耕田、施药、采收、包装等工作。明细的分工使该农场的规模逐步扩大，从成立时的33亩扩大到目前的477亩。

三、善用网络，产品销售物尽其用

该农场采取网络销售为主，线上订购、线下实体门店结合模式，提高线下销售额20%以上。通过淘宝、微信等APP平台销售，自产自销稻谷大米、杂粮、米皮、米糠和菜籽油，销售额高达80多万元。

四、打造口碑，逐步实现品牌效应

该农场建立之初，就成功地注册了“鸿勃”品牌，并以此为基础，为自家产品全部贴上品牌标签，抓住有利机会进行宣传，增加产品知名度。通过多年的经营，“鸿勃”的口碑越来越好，好评度和关注度也逐步上升，到农场学习取经、采访、洽谈产品合作的人日益增多，盛建高之前的期待也逐渐实现。

案例启示

“90后”新农人更擅长接受新事物、新技术、新产品，也擅长将自己生活中依赖的手机网络作为新的营销方式，宣传自己，经营农场。两代人不同的分工，可以说是两代农业经营者经营理念的碰撞，也可以说是让家庭成员在家庭农场这一平台里互相磨合，让一个微小的经营主体温情洋溢。这样的家庭农场能给农户一份稳定的收入、一种团圆美满的氛围，这可能就是家庭农场以“家”为名的一种诠释吧。

箬横喜乐家庭农场

——粮食保供应，水产增效益

案例介绍

浙江省温岭市箬横喜乐家庭农场于2013年注册成立，注册资本80万元，是首批省级示范性家庭农场。该农场坚持粮渔结合、种养结合，应用先进科技和先进设施，积极开展集约化、专业化、生态化生产经营，实现了高产高效。

一、规范土地流转，开展适度规模经营

该农场向箬横镇东浦村、泥屋村成片流转土地150亩，签订了规范的土地流转合同，在土地流转年限到期后，农场享有流转优先权。目前，该农场主要种植双季稻，一般情况下，种植早稻130亩、晚稻140亩，保障了粮食生产。

二、坚持种养结合，发展生态农业

该农场坚持走粮渔结合、种养结合、生态循环之路。投资160万元对150亩稻田进行了改造，内嵌方方正正的种植田，外围一条具有水产养殖特效的“护城河”，建设一排排能够干扰飞虫飞行、吸附飞虫的花卉带、音乐长廊。农场主郭金芽会根据市

场的反馈和种养情况及时调整养殖品种，如每亩放养 2 万尾台湾泥鳅。台湾泥鳅具有个体大、生长快、病害少、产量高、适合高密度养殖、成品销售价格高等优点。同时，在稻田放养了小龙虾、鲶鱼、鲫鱼等特色养殖品种。采用这种种养模式，一方面，通过泥鳅、鱼类捕食掉落在水里的昆虫，达到生物防治效果；另一方面，能减少稻田化肥和农药的使用次数和使用量，鱼虾粪便还能肥田，每亩每年可节省化肥和农药支出 30 元以上。

三、注重科技应用，加强质量管理

在粮食生产方面，采用直稻和抛秧等先进实用技术。该农场与箬横粮食专业合作社开展托管式生产服务合作，接受其提供的机耕、机割、统防统治等作业环节服务。在养殖方面，以温岭市海洋与渔业局水产技术专家为技术依靠力量，制定了生产规程和作业准则，建立健全了质量安全管理制度、生产档案管理制度等一系列生产管理制度。多方面手段的运用，使其生产的农产品的质量安全水平得到有效保障，“禾汉子”品牌稻米连续多年被评为“浙江好稻米”“台州好稻米”，该农场还获得“浙江省水产健康养殖示范场”荣誉称号。

四、实现高产高效，发挥示范作用

该农场通过创新种养结合生态发展模式，既保障了粮食生产，又提高了经济效益，早稻亩产达 500 多公斤，晚稻亩产达 450 多公斤，早晚稻经营收入超过 40 万元。稻田放养泥鳅亩产最高可达 1000 公斤，扣除人工管理成本及自然灾害等损失，仅泥鳅养殖的亩增收益就超过万元，对周边稻区起到了良好的示范带动作用。

案例启示

绿色生态循环农业是未来家庭农场经营发展的重要方向，也比较符合当下保障粮食安全的大背景。该农场以粮食生产作为主要经营产业，水产收益作为农场主要经济收益来源，两者相辅相成，支撑起其日常运转，推动了一方产业的发展。农场主郭金芽率先在当地尝试“农业+水产”双套农技推广改革机制，不仅引得周边农户一起尝试生态水稻种植，而且新疆生产建设兵团、四川省茂县等地人员在考察箬横喜乐家庭农场后，也结合地方实际推广这一模式。浙江省作为家庭农场先行试点区，正是有了许许多多家庭农场的先试先行，才有了百花齐放、勇攀高峰的底蕴和动力。

家煜家庭农场

——从种粮大户到家庭农场的蜕变

案例介绍

家煜家庭农场位于浙江省衢州市龙游县詹家镇夏金村，成立于2013年，经营面积5000亩，主要从事粮食生产、服务、加工与销售，先后被评为衢州市示范性家庭农场、浙江省示范性家庭农场。

该农场的农场主董红专是一位有想法、会经营的种田能手。1984年，16岁的董红专开始包田种粮，一共经营32亩土地，水稻种植两季，冬种油菜、小麦。2003年，董红专决定扩大种植规模，从西门村流转了100亩土地，但因受到台风天气影响，粮食产量非常低。有闯劲的董红专不甘于现状，凭借“在哪里跌倒就在哪里爬起来”的精神，2005年，将种植规模扩大到540亩。但在2003—2006年，农场一直处于亏损的状态，好在皇天不负有心人，坚持不懈的董红专开始调整战略，改变种植水稻，购买农业机具，进行机械化生产经营，从2007年开始，不到两年时间，就将亏本的钱全部赚回来，而此时的种植规模也已达到750亩。随着收入的提高，加上当地政府的扶持，董红专不断扩大经营规模，2011年经营面积达到1500亩，2013年经营面积增加到3500亩，并到工商部门登记注册了家煜家庭农场，2015年经营面积继续增加到4600亩，2018年经营面积已经达到5000亩，目前也稳定在这一水平。家煜家庭农场充分发挥了因地制宜的作用，合理利用农场良好的设备资源和技术优势，形成了一套规模化、机械化、全产业链服务的种粮新模式，实现了产加销一体化经营，推动了当地粮食产业的发展。

一、逐步扩大经营规模，稳定粮食生产

从最初的32亩土地到现在的5000亩土地，董红专一直在积极地流转农户土地，虽然经历了挫折，但并未放弃。2003—2006年，因为受到台风的严重影响，粮食产量非常低，受灾最严重的2004年几乎颗粒无收，3年亏损60万元，妻子为了补贴家用而外出打工，但即使如此，他并没有放弃，一直想方设法地在改善农场环境、提高生产效率、增加经营收益。2007年，他继续将经营规模扩大到750亩，通过调整战略，改变种植的水稻品种，并购买农业机具，开始机械化生产经营，粮食产量也基本稳定在500公斤/亩，两年左右的时间就把亏本的钱都赚回来了。

二、大力探索机器换人，提升生产效率

刚开始种粮的时候，主要靠人工，那时的劳动力积极性很高，劳动效率也高，两个人一天就能插一亩地秧。但随着种植规模的扩大、劳动力成本增加，如果只靠人工，收获的稻谷无处晾晒，经营收入也得不到保证。董红专也终于明白，没有机械化，规模种田根本行不通。他逐年增添农业机械，先后投资6000多万元购置农业机械化服务设备，实现了从耕作、田间防病治虫收割、烘干到加工的全程机械化作业，极大地减轻了人员的劳动强度，提高了劳动生产率，降低了生产成本。例如，投资50万元建设了建筑面积300多平方米、全玻璃结构的育秧智能温室，采

用“叠盘暗出苗”技术，每次可以培育2万盘秧苗，培苗3天就能移出温室到育秧田进行炼苗，不用担心受到倒春寒和大风大雨天气的影响，在任何天气下都可以没有后顾之忧地按照计划进行育秧。除了供应给自家承包的早稻田，他还负责给其他种粮大户送早稻秧，比传统育秧提早10天，为春耕争取了宝贵的时间。投入600多万元，建立机械烘干服务中心，购置8台烘干机，烘干服务可辐射面积1.2万亩，解决了当地粮食烘干难题；投入5000万元建立大米加工厂，每年加工稻谷1万多吨，服务和销售双管齐下。

三、连续借力政府扶持，拓展农场功能

家煜家庭农场发展迅速，政府扶持起到了关键性作用。在董红专看来，如果没有政府的扶持，家煜家庭农场是不可能发展成现在这样的，他也常说，农场的产加销一体化模式离不开三个“转折点”。转折点一是2011年，浙江省开展水稻提升工程项目，当时政府给予农场135万元经费扶持，支持他新建了1栋面积500多平方米的两层楼、1栋800多平方米的烘干房，购买了2台烘干机。因为有国家的扶持和资金，董红专又自己投资加贷款共买了4台烘干机，一共花了60多万元，成立了一个烘干中心。转折点二是2015年，当地政府开展社会化服务项目，政府给予该农场财政投入1500万元，其中440万元买了8台烘干机、2台收割机、2台大型东方红拖拉机、6台插秧机，其余的钱补贴给农户。转折点三是2017年，家煜家庭农场开展特色园项目，董红专投入5000万元，政府经费扶持900万元，建立了大米加工厂。政府的扶持使得家煜家庭农场逐步做强做大，不仅拓展了农场功能，而且给周围农户带来了收益。

四、坚持做好社会化服务，增加社会效益

多年来，董红专始终坚持提供社会化服务，包括育秧、耙田、收割、烘干、大米加工等服务。因为早稻和晚稻的间隔时间较短，梅雨季节时，农户对烘干服务的需求比较大，所以该农场提供最多的还是烘干服务，服务范围首先是本镇农户，然后是一些外镇农户。政府财政也对服务有所补贴，经过核算后，该农场提供耕地服务和收割的成本价都是 120 元/亩，而只收农户 80 元/亩；烘干服务的成本价是 0.2 元/公斤，只收农户 0.12 元/公斤，政府的补贴则弥补了其中的差价。这不仅每年为农场带来 30 万~40 万元的收益，而且极大地降低了农户的生产成本，提升了农户的种粮效益。

五、建立粮食加工中心，提升产品附加值

为了提高种粮效益，延长粮食产业链，董红专投资 500 万元从江苏省常州市购进了一套日加工能力达 60 余吨，能自动完成稻谷脱壳、碾米、筛选、抛光、包装的生产设备，建设了 2000 多平方米的粮食加工中心；接管 3 万吨大米加工项目，总共投入 5000 多万元，政府补贴 900 万元，贷款 2500 万元（其中 2000 万元享受贷款贴息），剩下的投入则是向亲戚朋友借的，投资主要用来加大引进生产设备。目前，其粮食加工中心已扩大到 6000 平方米，极大地提升了产品的附加值。

六、勤于学习经营技术，拓展销售渠道

董红专是一个肯于钻研、善于学习的职业种粮农民。他经常去国内其他省份、国外的农业大国（如孟加拉国）考察，学习种

植技术和经验。同时，他还是一个会管理的人，定期给职工交社保，优化职工就餐环境，每年组织员工外出旅游，等等，切身考虑农户利益。该农场早在2012年就注册了“红专”大米商标，其红专大米也连续多年获得浙江省农展会优质奖，在衢州开设大米专营店，并在嘉兴、金华、丽水、温州等地设立红专大米总经销门市部。目前，该农场已形成粮食产、供、销环环相扣的产业链。

案例启示

家煜家庭农场通过实行产加销一体化经营，综合经营效益显著提升，近年来年均获利均在200万元以上，同时极大地提升了社会效益，带动了当地的就业，也促进了当地的经济发展。该案例从多方面阐释了产加销一体化经营家庭农场该如何通过高效管理逐渐提高市场竞争力。一是注重品牌化建设，提高“红专”影响力。利用机械化、规模化、标准化生产，统一原料品质，利用自身加工设备保障产品的品质；充分利用营销优势，不断提升品牌价值。二是提供社会化服务，解决耕种收难题。为周边农户提供水稻育秧、耙田、收割、烘干、大米加工等服务，不仅增加了农场收入，而且使政府的实惠落到了农户的口袋里，切切实实地降低了农户的生产成本。三是流转冬季农闲田，增加农场收入。在借鉴海南毛豆种植经验的基础上，流转1500亩冬季农闲田租给海南公司种毛豆；同时，留出350亩土地自己耕作，以观察毛豆种植的效益，为下一年种植结构的调整提供决策参考依据。

陈建海家庭农场

——智慧农业在家庭农场中的实践

案例介绍

陈建海家庭农场于2013年注册成立，是浙江省衢州市衢江区第一家家庭农场，也是首批省级示范性家庭农场，位于莲花镇省级现代农业园区内，经营面积280亩，主要种植辣椒、西红柿、莲藕、火龙果等精品蔬菜瓜果，有雇工15人，年总收入（包括配送）近900万元。

一、智慧农业显活力

该农场现有连栋大棚26个（共10万平方米）、育苗中心2000平方米、玻璃科普展示馆4000平方米、叶菜工厂化生产区6000平方米，全面配套喷滴灌等节水灌溉设施，通过水肥一体化，有效地减少了肥料浪费和过度施肥造成的环境污染。精准施肥能在农作物生长过程中根据作物需求科学施肥，有效地解决了施肥过程中因肥水过剩、土地盐渍化、施肥不均匀造成的农作物生长不佳等问题，确保了蔬菜瓜果的品质，为农产品品牌的打造奠定了扎实基础。该农场配置了加温系统和自走式喷淋系统的智能型集约化蔬菜育苗中心，是省、市农业科学院蔬菜瓜果新品种新技术试验示范推广基地。

二、质量安全可追溯

该农场建有全球眼监控系统和农产品质量检测室，产品已实现二维码追溯管理。技术人员及时将农事操作记录录入电脑，形成电子生产档案；待蔬菜瓜果收获后，对上市农产品实行批批自检；检测合格后生成二维码标签，标签内包含已检产品的播种、施肥、杀虫、采摘时间，以及种子来源、所施肥料厂家等全部信息。

三、“物联网+”有成效

该农场农业物联网建设成果十分出色，于 2015 年在全部大棚都安装农业物联网系统。该系统的建设大大提高了农场的抗风险能力，减少了劳动力成本，缓解了劳动集聚的用工荒，使农场初步实现了用手机控制农业生产。随着信息技术的不断更新，该农场又全面提升了生产管理传感系统、视频监控系统，让农业生产管理无死角，只要 7 分钟即可通过手机关闭或开启整个基地，完全能做到在灾害来临前关闭大棚，减少灾害损失，同时有效提高生产效率。

四、多元营销拓市场

该农场通过打通消费者—田园渠道，开通家庭农场周末免费直通车，打造了“开放型田园超市”。打通点对点直供直销渠道，社区开设果蔬直销店，推进放心农产品进社区；进驻东方超市，深化农超对接；打通线上线下双线联销渠道，借助落户淘宝特色中国·衢州馆平台，实行“网络订单+农场销售+物流配送”一条龙服务。

五、抱团聚力求发展

该农场联合55家家庭农场成立了家庭农场协会。该协会充分发挥了在行业自律、农产品销售、品牌创立等方面的作用，如协会成员均使用统一的标志，抱团联保贷款，整体认证无公害农产品产地，在大型超市开设衢江放心农产品销售专区，分批赴各地考察学习，等等。

案例启示

陈建海家庭农场经过10年的发展，不仅成为衢州市保障型蔬菜基地，而且试种成功不少蔬果新品种，并在衢州市乃至浙江省推广。但从严格意义上讲，以目前该农场的经营规模和经营方式来看，并不是传统意义上的家庭农场，更像一个个人独资公司。但是从新型农场主体培育的角度来看，应该鼓励农场主不断创新，使家庭农场涌现不同的经营模式，从中挑选不同的案例认真剖析，提供可以借鉴的经验。

在实践中，该农场的农场主也看到了单个家庭农场的局限性，于是联合55家家庭农场成立家庭农场协会，从更高层面共谋发展，做单家独户做不了的事，如通过统一农业投入品，联合起来与农资公司议价，积极申请加入区域农产品品牌；利用销售专区，建立相关的大数据档案，针对大众消费和高端消费市场，开展精准对接，进一步提升其区域影响力。

天地和家庭生态农场

——“田养”种养特色足

案例介绍

天地和家庭生态农场位于浙江省嘉兴市海盐县，成立于2013年，连片流转土地106.85亩，主要以粮食生产为主，同时规划建设了畜禽饲养区域，套养青蛙20万只、鹅5000只、鸭1200只、鱼5000尾，饲养湖羊300头，满足农场内部生产和生态循环的需要，属种养配套型农场。该农场生产坚持种养结合、生态循环、零污染目标，形成了独具特色的种养模式。其产品成功注册了商标“田养”。

一、农牧结合

该农场水稻与湖羊种养结合，形成了“秸秆喂羊，羊粪还田”循环模式，秸秆过腹还田，使土壤生物功能得到修复。2015年，该农场种植优质水稻106亩，品种为“嘉58”“南粳505”，饲养湖羊300只。冬季种植20亩大球盖菇，需要300吨鲜秸秆，因为农场的秸秆不足，需要从周边农户吸纳一部分，因此有效解决了周边农户秸秆焚烧问题。这种农牧结合的模式，既保证了粮食生产，又提高了经济效益。

二、水旱轮作

该农场以“天地中和，农业和谐”为核心理念，科学规划，合理布局，寓农耕文化于现代农场之中。春夏种田，秋冬种麦、花草，有利于改良土壤，减少土传病虫害，克服作物连作问题，且将用地与养地相结合。冬季播种花草，种水稻前花草还田，小麦收获后，全部用作养羊养禽的精饲料。

三、立体农业

沟渠拓宽加深后与稻田形成完整水系，利用稻田养鸭，利用沟渠养鳖，利用荒滩养鹅，利用荒地养鸡，利用岸渠种杜瓜，瓜棚下的空间养禽，利用空地种植黑麦草、甜象草、苕子、鱼腥草等养羊喂鹅，这样，该农场的土地、空间、时差资源全部得到了充分利用。

四、生态循环

稻田养鸭耘田除虫，稻田放鳖松土肥田，农田养蛙利用天敌除虫，农田放鹅代替人工除草。田埂两侧种植菊科植物，吸引天敌昆虫栖息繁衍，以虫治虫，控制作物害虫，辅以性诱剂灯（90只）、太阳能捉虫灯（2只）等减少害虫。农作物秸秆和畜禽粪便全部资源化利用。该农场采用全循环生态种养模式，稻田不使用农药、化肥，既保障了农产品的口感和风味，也使生产的稻米不存在农药残留、重金属超标问题，又通过提高农产品品质，培育了农产品品牌，提升了农场的经济效益。

案例启示

浙江省的杭嘉湖平原地势平坦，自古以来就是鱼米之乡，历史上就有“桑基鱼塘”这种生态循环经营模式。天地和家庭生态农场进一步地挖掘了这种朴素的农业经营理念，以“天地中和，农业和谐”为核心，积极探索与实践生态全循环立体农业。从实践看，该农场从2013年开始实施优质水稻种植、湖羊养殖、稻鸭混养、稻菇轮作，成为全县循环农业示范点，也因为坚持绿色种植农产品，所以完成了有机食品认证。其生产的“田养”有机米获得了全国稻渔综合创新大赛“优质渔米”金奖及种养模式绿色生态奖。但是，相对于单一集约种植模式，生态循环农业农忙季节活重活累，劳动力投入多，需要全身心投入，不适合大面积、大规模生产，比较适合家庭农场这一主体。家庭成员的劳动力投入能最大限度地降低投入品的消耗，提高亩产产值及产品价值。

经卓家庭农场

——标准化管理，无公害产品

案例介绍

经卓家庭农场成立于2013年，是义乌市首家注册成立的家庭农场，也是省级示范性家庭农场。该农场主要由楼国三和楼国伟两兄弟经营，注册资本100万元，围绕粮食生产这一主导产业，流转土地1560亩，主要从事育秧、机插、植保、机耕、机收等水稻全程机械化服务。现有烘干机5台、秧盘1.5万只、输送带2条、热风炉2台、插秧机3台、清杂机1台、锅炉1只、去杂机等随机配套设施1套、育秧温室240平方米、炼秧大棚6000平方米，年粮食产量1200吨，蔬菜产量15吨，年产值390万元。

一、积极参与农业标准化培训

针对生产各主要环节，包括水稻全程机械化操作、标准化生产、病虫害防治、水稻肥水管理等，该农场积极组织人员参加当地农业部门组织的技术培训，特别是利用农闲时间更新知识，掌握最新的技术。

二、制定并认真落实质量管理制度

该农场制定了水稻温室育秧岗位责任制、水稻机械化插秧岗位责任制、无公害稻米生产管理规定、管理人员岗位职责、农药使用安全管理制度、财务管理制度等管理制度。通过制度管人，责任到人，使水稻温室育秧、机插服务作业和投入品使用等生产过程都有详细记录；使温室育秧、机插作业服务和无公害稻米各生产环节得到了有效监管；使产品质量自检和送样检测有效开展，保证了农场销售产品的安全性。

三、制定全程水稻机械化操作标准化生产规程

该农场严格执行农业农村部无公害稻米、农业机械操作等标准，结合自身实际制定操作标准化生产规程并实施。选择适合机械化操作的高产优质水稻品种（杂交组合），实行早、中、晚熟水稻合理搭配。采取农业防治、生物防治和化学防治相结合方式，做好种子处理、田间病菌杂物清除、太阳能杀虫灯应用等工作。化学防治的原则是严禁使用剧毒、高毒、高残留和无“三证”（“三证”指农药登记证、生产许可证、质量标准证）的农药，严格掌握使用浓度和安全间隔期。严格的措施使该农场通过了无公害认证，产品远近闻名、供不应求。

案例启示

义乌市是中国小商品第一城，商品经济极其发达，个体工商户也曾经是这座城市里非常有特色的称谓，大批的个体

工商户在大浪淘沙般的市场竞争中做强做大，成立公司、集团，但是坚持在这座城市里的农业从业者一直没有与其市场地位相衬的法人主体，事实上，个体工商户在企业发展到一定阶段后，都会遇到或多或少的问题，亟须转型。2013 年，家庭农场这一新型农业经营主体一经推出，各方反响热烈，提升了农户参与的积极性。如今，家庭农场已经根植于农业生产的方方面面，透过经卓家庭农场，可能看到的更多的是家庭农场成立那一刻的喜悦吧。

新科家庭农场

——以点带面，社会化服务成效显著

案例介绍

平阳县昆阳镇上降村伍思树从 1998 年开始种植水稻，并逐渐向周边农户集中流转水田，着手开展水稻规模化经营，曾先后被评为浙江省优秀种粮大户、全国粮食生产大户。他于 2004 年注册成立了新科家庭农场，主要经营水稻、大棚蔬菜、大棚西瓜等农作物。

一、实现水稻生产全程机械化

该农场现有农机具 29 台（套），其中水稻插秧机 3 台、拖拉机 4 台、联合收割机 3 台、谷物烘干机 3 台、排灌设施 2 套、工厂化育秧设施 1 套、植保机械 8 台，后来又新增加植保无人机 2 台、谷物烘干机 3 台，在平阳县率先实现了水稻生产全程机械化。该农场先后成为昆阳镇早晚稻机插高产示范方基地、平阳县农业机械化示范点和温州市农业机械化示范点。

二、全面应用农业新品种新技术

农场主伍思树积极参加由省、市、县级农业部门举办的各种农业技术培训，不断地提高自身科学知识与种植水平，积极引进水稻新品种，推广新技术，多次承担省、市、县级农业部门下达的科研任务，认真建点办方，示范种植新模式，通过高产示范方的样板作用，大大提高了新品种、新技术的宣传与应用推广力度。

三、全方位托管，农业社会化服务效果显著

伍思树积极为周边农户开展产前、产中、产后系列服务。在农忙时节，除完成农场的播种和收割，还为村民开展代耕、代育、代收等服务，受到广大农户的欢迎，同时增加了家庭农场的经济收入。平时，该农场还为周边农户开展统一购买植保机械、统一购买农药等统防统治服务，根据水稻病虫害发生情报，做到早防治、少用药、连片施药，提高防效；水稻收获后，组织周边农户统一销售粮食。可以说，只要周边农户有需求，该农场就能提供从种植到销售的全程服务。

案例启示

社会化服务能力一直是政府重视培养的、粮食生产经营主体需要具备的重要能力，也是解决改革开放后统分结合双层经营体系分较多、统能力不足问题必备的能力。提高农机购置补助，一方面是为了稳定粮食生产，以机器换人；另一

方面是希望培养社会化主体，能够提供较为系统完善的粮食生产服务，以弥补种植经营主体小而散、兼业化的缺点。新科家庭农场的案例表明，在粮食生产方面，有专业的家庭农场，有从种植到销售的一条龙服务，会极大地提高散户种粮的积极性，有利于减少抛荒、稳定粮食生产面积。

乌牛岗家庭农场

——优势促发展，茶旅相融合

案例介绍

乌牛岗家庭农场位于浙江省绍兴市新昌县小将镇，成立于2013年，是省级示范性家庭农场，经营茶园455亩。该农场处于海拔500~1000米的菩提峰半山腰，自然生态环境良好。其农场主醉心于茶叶生产，注册了“菩提丹芽”“菩提曲毫”两个品牌，其中主要产品“菩提丹芽”牌天姥红茶获得“浙茶杯”金奖红茶、上海国际茶文化旅游节“中国名茶评比金奖”等多项荣誉，是新昌县茶叶区域公用品牌“天姥红”茶的典型代表。

一、打造一流的茶园

云雾缭绕，四季分明，气候湿润，空气清新，土地肥沃，又有天然防护林作屏障，远离工业污染区及村庄田舍，这些都是乌牛岗家庭农场的天然优势。茶园基础设施完善，主干道路面基本平整完好，支道步道搭配合理、联通成网，便于作业和运输；沟、渠、防护林、水、电配套，建有生产用房，设施齐全，使用安全方便，是农场主用心经营的后天优势。先天优势和后天优势相结合，再加上生态调控、农业防治、理化诱控、生物防治和科学用药等技术措施，维护茶园内的生物多样性，茶叶的品质得到极大的提升，鲜叶质量也得到保证。

二、生产优质的产品

为生产优质的茶叶产品，农场主精心设计了质量管理规范。在原料生产阶段，设有生产管理记录，及时采摘，合理修剪，中耕培土，科学用药，特别是引进无人机飞防技术，降低劳动力成本，提高施用效率，同时降低农药和化肥的使用量。在茶叶生产阶段，按照相应的生产技术规程加工生产，建有生产记录本，生产加工区域干净整洁，机器、器物有序无污，并制定了相应的规则和制度。优良的茶园环境、雄厚的技术实力、先进的工艺装备、独特的加工技艺，打造出菩提茶与众不同的、优异卓著的品质风格，并通过了食品生产许可认证。

三、茶旅结合的范本

该农场四周种植了樱花、红豆杉、海棠等各色花木，尤其是上万株樱花可在春茶时节绽放出艳丽的花朵，与茶园构成一幅绚丽的图画。该农场结合这一优势，积极推动茶旅融合发展。园内建设品茗区、茶艺表演区、书法创作区等多个以茶文化为主题的休闲区块，为来到农场的游客提供良好的品茶和休憩场所。该农场茶场还连续承办了六届小将镇“红枫樱花节”，吸引了成千上万的游客前来休闲品茶，共赴一场盛大的春日花事，形成了茶旅融合、茶旅互促的良好局面。

案例启示

乌牛岗家庭农场地处山区，生态环境独特且无污染，具备生产名优茶的基础。事实上，该农场也确实将这一先天特质发挥到极致，茶园严格规范使用高效低毒农药，产品和基地都通过了“无公害”认证。但是就地理位置而言，该农场原本应该人迹罕至，但是农场主却慧眼独具，结合周边花木繁盛这一特质，提供休闲场地，吸引探访游客，并结合自身茶园优势，让游客留下来，或观光品茶，或骑行漫步，或书画唱和，既为农场带来了人流量，也带来了其第三产业的可观利润。

国明家庭农场

——稻渔综合种养模式效益好

案例介绍

国明家庭农场位于浙江省绍兴市越城区富盛镇义峰村北山，成立于2016年，经营总面积354亩。它四面环山，区域内无工业企业，上游有越城区第一大水库——方家坞水库，灌溉方便，是生态绿色农业经营的理想之地。该农场负责人许国明长期从事水稻种植与青虾养殖，探索出一套稻虾轮作、稻鳅共生的种养模式，既提高了种粮效益，又保护了耕地，使单位面积土地的效益得到了大幅度提高。

一、稻渔综合种养模式

该农场种植常规早稻165亩，早稻亩产520.05公斤；种植优质早稻沪优2号和野香优莉丝100亩，亩产500公斤；养殖青虾50.53公斤、泥鳅77.43公斤，亩产值总计11457.9元，亩成本4839元，亩利润6618.9元，比当地单种一季水稻的利润高5倍以上，经济效益显著。其中，种植优质早稻，将稻谷加工成大米并进行真空包装出售的价格在20元/公斤，简单包装出售的价格也在16元/公斤，是常规大米价格的4倍，经济效益十分显著。

二、农业面源污染减少

该农场采用稻虾轮作、稻-虾-鳅、芦苇稻-沙塘鳢、稻-虾-鳅-鳢等立体综合种养模式，使种植业与养殖业有机结合起来，优势互补，实现资源循环利用。青虾、泥鳅养殖后留下的大量有机质，是种植早稻的天然有机肥；种植早稻，稻田基本不用人工施肥；通过种植早稻，吸引了大量的有机质，减少了塘底的营养化，同时早稻通过搁田太阳暴晒等环节，减少了人工晒虾塘的环节，减少了虾田的病菌。大田通过冬季的水浸，基本消灭了早稻田的病虫害；早稻田套养泥鳅，田间的杂草昆虫可作为泥鳅的天然饵料，既减少了人工对泥鳅的喂养，又减少了早稻田的农药使用量。通过稻渔综合种养模式，每亩减少饵料用量 20%、化肥用量 70%、农药用量 60%，有效地控制了农业的面源污染，生态效益明显。

三、模式示范推广性较好

由于该模式效益显著，且技术易学能懂，从事种养业人员只要通过简单培训，就能掌握关键技术要点，因此得到了省、市各级领导、专家的肯定。该农场被选为全省、全市会议现场展示示范点，前来学习、参观的人络绎不绝，先后接待了省内外各级农技人员和种养大户 1000 余人参观学习。这极大地增强了农场的示范辐射作用，有效地扩大了农场的影响力，有力地推进了稻田综合种养技术的发展。

案例启示

粮食是人们赖以生存的物质资料，粮食安全事关社会稳定、国家安定的大局，而耕地是粮食生产的重要基础。但是随着社会经济的发展，在国家取消农民粮食定购任务后，由于种粮效益低，广大农户转产第二、三产业，使得许多耕地出现抛荒，有的改种苗木，甚至挖塘养鱼，这势必会影响粮食生产安全。国明家庭农场的发展过程表明，在一定程度上，利用稻渔综合种养模式，能够避免单一种粮效益低下、挖塘养鱼破坏农田的现象；在保护耕地不受破坏的前提下，既稳定了粮食播种面积，确保了粮食安全，又增加了土地的经济效益，提高了农民的种粮积极性。

喜洋洋家庭农场

——回乡创业有理想，成效显著树样板

案例介绍

喜洋洋家庭农场位于浙江省湖州市南浔区石淙镇花园湾村，是浙江省传统湖羊主产区。该农场的农场主吴建江是一个敢闯敢拼、敢于探索的人，他弃商从农，放弃收入可观的服装生意，扎根农村，于2014年成立家庭农场，立志要在农村干出一番事业。目前，该农场经营面积200多亩，其中湖羊养殖场面积为14亩，水稻种植面积为50亩，种植果树和套养小龙虾面积为120亩，鱼塘面积为80亩，是一个典型的从事多种经营业务的家庭农场。

一、聘用专业技术型人员，弥补农场技术短板

家庭农场能否健康持续发展，专业技术支撑起到了重要作用。喜洋洋家庭农场现有存栏湖羊2000头。吴建江之前是一名商人，对于如何养羊他并不专业，只懂得将羊喂大喂肥，却不知如何将羊“喂好”，因此第一年不但没有盈利，反而亏本。于是，他聘用了一位懂得养羊技术的专业人员来管理羊舍，摸索出养殖湖羊的“三诀窍”：一是湖羊喜欢安静、干燥的环境，怕湿、怕蚊蝇，所以羊舍要保持干燥、清洁，防止湖羊被蚊蝇叮咬；二是

湖羊有“草来张口，无草则叫”的习性，应时刻关注湖羊状态，及时喂草；三是湖羊夜间食草量大，因此白天应将湖羊喂足，夜间缺草则不会长膘。通过聘请专业技术人员到农场养殖湖羊，弥补了农场养殖技术的短板，稳定了农场收益。

二、实行种养有机结合，探索生态农业发展模式

喜洋洋家庭农场将农业种植和养殖有机结合，发展生态农业，实现了农田的合理布局，有效减少了环境污染。湖羊养殖初期，因为养殖数量较少，所以羊粪处理比较方便。但随着湖羊数量的增加，羊粪得不到及时处理成为一个大问题。吴建江通过查阅资料，了解到羊粪可以做有机肥，于是又流转了 50 亩土地种植水稻。羊粪经过处理，变成具有一定肥效的肥料，可直接还田，这样既可以节约肥料和水，又能减少环境污染，解决粪尿不能及时处理的问题；同时，种植的 50 亩水稻卖掉稻谷后，水稻秸秆用来喂羊。该农场还解决了周边 100 多户农户的水稻秸秆处理问题。还田剩余的羊粪销售给附近种植水果的农户，价格好的时候能达到 2.8 元/公斤，年销售羊粪收入近 20 万元。

三、坚定绿色发展理念，大力发展循环农业

构建循环农业体系，坚持绿色有机可持续发展，是吴建江弃商从农、经营农场的初衷，尝到农业生态化发展的甜头后，他更加坚定要将绿色发展的理念在农场中充分体现。该农场通过村委会继续流转土地，将规模扩大到 200 亩以上，其中 120 亩用来种植果树，并投资 17 万元在果树园中挖了十几道沟渠，用来养殖小龙虾，探索“果虾共生”模式。此外，该农场还利用羊粪作为果树的有机肥料，为果树提供养分的同时促进草的生长，不使用

除草剂，生长出来的青草割下喂羊。草长出来可以喂羊，羊粪可以当有机肥，肥料还可以促进草生长，这样便形成了良性循环，不但能合理利用土地，改善农场生态环境，还能降低农场青贮饲料的成本。

四、推进第一、三产业融合，打造牧旅结合休闲农场

该农场借助石淙镇开展的大规模乡镇旅游振兴计划，投入100万元进行农场基础设施建设，打造了休闲垂钓区，并将围绕湖羊养殖场周边的水果种植区块进行升级改造，规划建设了40亩桃树、40亩梨树、40亩橘子树的采摘区。虽然这两年受疫情影响，休闲旅游受到了较大的冲击，但是吴建江依旧充满希望，他要通过挖掘自身生产潜力渡过难关，并充分利用现有资源把牧旅结合做到位。

五、坚持返乡创业的初心，“新农人”带动农户增收

喜洋洋家庭农场所在的花园湾村是吴建江出生长大的地方，这次返乡再创业，也是一次商业反哺农业的有效尝试。他与客户约定土地流转租金为1000元/亩，并约定每3年每亩租金上涨100元，二轮承包到期后，如果农户愿意，可续约30年，帮助农户解决了种地难的问题，并提高了农户的财产性收入。同时，喜洋洋家庭农场自有劳动力3人，常年雇工3人，季节性临时雇工最多可达30人，基本都是本村人，既解决了当地不少人的就业问题，也增加了农民的工资性收入。吴建江计划等农场稳定后，继续打造农家休闲吃住设施，做出口碑，做出品牌，使周围农户也能范水模山、共同富裕。

喜洋洋家庭农场经营了近十年，虽然时间不长，但已初具规模并逐渐走向成熟，农场基础设施建设良好，区域规划合理，种植结构生态，经营模式创新，为农场的长远发展打下了坚实的基础。农场主吴建江希望在不久的将来，可以形成春天赏花观羊、夏天采果抓虾、秋天垂钓休闲、冬天煲汤烤肉的乡村新风景。

案例启示

在农业现代化加快推进的同时，出现了诸如农业成本上升、效益降低等问题，亟须探索转变农业发展方式。喜洋洋家庭农场通过发展种养结合、多种经营的循环农业模式，打造生态产业链，实现了农业的可持续发展。

该案例表明，在专业化、集约化的现代农业特征要求下，家庭农场要想稳定发展，应思考以下5个方面的问题。一是聘请专业技术人员，弥补家庭劳动力专业技能的不足是必要的。农场主吴建江在经营初期并不擅长养湖羊，但他雇用村里有养殖技术和经验的人来管理羊舍，极大地弥补了农场养羊技术的短板。二是坚持多元化经营融合发展，拓展农场的收益渠道是可取的。多种经营不仅能增加农场的经济效益，而且能提升农场的社会效益和生态效益。喜洋洋家庭农场发端于畜禽养殖业，由于考虑到畜禽粪污的消纳问题，农场以养殖业带动种植业，从种植水稻到种植果树；后来又带动了水产养殖，在果树地中套养小龙虾，打造循环农业的链条。接下去农场的规划是实现第一、三产业的融合。多元化经营稳定了农场收益，降低了经营的风险。该农场湖羊养殖净利润超过100万元，还田后剩余的羊粪销售收入近20万元，小龙虾的预期净利润也能达到100万元。三是坚定绿色化、生态化的理念，经营农场并改善整体环境是关键的。喜洋洋家庭农场通过养殖湖羊和种植果树结合、种植果树与套养小龙虾结合，坚持绿色化、生态化的理念，既节约了除草剂和化肥的使用成本，又减少了环境污染。农场主吴建江把农场小环境搞好的理念，也带动了整个村庄环境的改善，为第三产业的发展提供了契机。四是鼓励“新农人”带着资本返乡从事农业，带动农户增收、实现乡村振兴是需要的。现代农业发展需要注入新的要素，出生在农村、打拼在城市的“农二代”返乡创办家庭农场，能为当地农业发展注入资金、人力资本等要素，有利于促进乡村产业振兴目标的实现。农场主吴建江在35岁的时候，带着资金回到自己出生的农村专心从事农业，为带动农民增收贡献了一份力量。

当然，喜洋洋家庭农场的发展也离不开政府部门的以奖代补、财税及用地等方面政策的支持。可见，家庭农场经营依然需要政府适时出台针对性的扶持政策，为其经营保驾护航。